城郊融合类村庄就地城镇化探索

黄庆玲◎著

中国财经出版传媒集团
经济科学出版社
·北京·

图书在版编目（CIP）数据

城郊融合类村庄就地城镇化探索／黄庆玲著.
北京：经济科学出版社，2025.6. -- ISBN 978 - 7 - 5218 - 7007 - 7

Ⅰ.D422.64
中国国家版本馆 CIP 数据核字第 2025Q5P614 号

责任编辑：朱明静
责任校对：靳玉环
责任印制：邱　天

城郊融合类村庄就地城镇化探索
CHENGJIAO RONGHELEI CUNZHUANG JIUDI CHENGZHENHUA TANSUO

黄庆玲　著
经济科学出版社出版、发行　新华书店经销
社址：北京市海淀区阜成路甲 28 号　邮编：100142
总编部电话：010 - 88191217　发行部电话：010 - 88191522
网址：www.esp.com.cn
电子邮箱：esp@esp.com.cn
天猫网店：经济科学出版社旗舰店
网址：http://jjkxcbs.tmall.com
固安华明印业有限公司印装
880 × 1230　32 开　5.125 印张　110000 字
2025 年 6 月第 1 版　2025 年 6 月第 1 次印刷
ISBN 978 - 7 - 5218 - 7007 - 7　定价：58.00 元
(图书出现印装问题，本社负责调换。电话：010 - 88191545)
(版权所有　侵权必究　打击盗版　举报热线：010 - 88191661
QQ：2242791300　营销中心电话：010 - 88191537
电子邮箱：dbts@esp.com.cn)

前　言

根据国家统计局数据，2024年末，我国城镇化率已达到67%，但城乡发展不平衡问题依然突出。在当代中国城乡关系的深刻变革中，城郊融合类村庄作为连接城市与乡村的"纽带"，承载着破解城乡二元结构、推动高质量发展的历史使命。这类村庄既非传统农耕聚落，亦非完全城市化的社区，它们依托区位优势、资源禀赋与政策创新，具有探索以"就地城镇化"为核心的融合发展路径的先天优势，成为城乡融合发展的"试验田"与"示范带"。

本书从我国新型城镇化与乡村振兴融合发展的理论和实践出发，在总结分析我国就地城镇化模式缘起和类别的基础上，对传统的"集中上楼"城郊城镇化模式进行了反思，提出本书的研究主题——城郊融合类村庄的就地城镇化。本书以两个欠发达县域城郊融合类村庄为例，对城郊失地农民的就地城镇化状态从多方面进行了考察，并应用计量模型揭示了城郊失地农民城镇化状态的个体特征；从可持续生计视角对60岁以下失地农民创业的影响因素进行了考察；在此基础上，从城乡融合政策下城郊农民的心理状态对城郊青年创业影响的视角，揭示了城郊融合类村庄就地城镇化的可持续发展机制，揭示了城郊融合类村庄在新型城镇化进程和乡村振兴中的独特价值与实践经验，为城乡融合发展提供探索性思考与实践借鉴。

  本书是本人于 2018～2022 年完成的两个省级科研项目的成果结晶。感谢三届经济系学生调研团队的辛苦付出，感谢社区工作人员和本书所调研的两个村村委会工作人员的热情交流。衷心感谢辽宁工程技术大学及工商管理学院的科研资助。本书相关的部分成果曾发表于《山西农业大学学报》《辽宁工程技术大学学报（社会科学版）》等，在本书付梓之际，特别对经济科学出版社诸位编辑和编审老师的辛勤劳动致以深深的谢意。

  鉴于本书作者能力所限，书中难免有疏漏、不足之处，恳请各位同仁批评指正，不胜感谢。

黄庆玲
2025 年 5 月

目　　录

第1章　绪论 ……………………………………………… 1

　1.1　问题的提出 ……………………………………… 1

　1.2　概念界定 ………………………………………… 3

　1.3　研究概述 ………………………………………… 5

第2章　城镇化发展模式的演变 …………………………… 10

　2.1　城市化的发展条件 ……………………………… 10

　2.2　城市化与中国城镇化 …………………………… 15

　2.3　就地城镇化实践 ………………………………… 22

第3章　城乡融合发展与城郊就地城镇化 ………………… 36

　3.1　对传统城郊城镇化的考察与反思 ……………… 36

　3.2　城乡融合发展与城郊就地城镇化的

　　　　逻辑关系 ……………………………………… 39

第 4 章 城郊融合类村庄就地城镇化状态考察 ……… 53

4.1 城郊失地农民就地城镇化的实践考察 ……… 54

4.2 18~60 岁城郊农民就地城镇化状态
及个体特征分析 ……… 67

4.3 本章小结 ……… 80

第 5 章 城郊农民的可持续生计
　　——创业及影响因素分析 ……… 82

5.1 就地城镇化状态下城郊农民创业概况 ……… 83

5.2 城郊农民创业的影响因素 ……… 84

5.3 本章小结 ……… 92

第 6 章 城乡融合发展促进城郊融合类村庄
就地城镇化可持续发展的机制 ……… 96

6.1 理论分析与研究假设 ……… 96

6.2 实证研究设计 ……… 102

6.3 本章小结 ……… 107

第 7 章 促进城郊融合类村庄就地城镇化的政策建议 ……… 110

7.1 发挥新型城镇化与乡村振兴融合发展
先行区的示范作用 ……… 111

7.2 树立"同城同发展"观念 ……… 112

7.3 不搞"一刀切",城郊城镇化应因地制宜 …… 116
7.4 提高城郊失地农民补偿安置满意度 …… 118
7.5 推进失地农民可持续生计能力建设 …… 119

附录1 调查问卷 …… 123
附录2 调研照片 …… 136
参考文献 …… 144

第1章 绪　　论

1.1　问题的提出

西班牙城市规划师依勒德丰索·塞尔达（Ildefonso Cerdà，1867）在其《城市化概论》中首次将"城市化（urbanización）"作为专业术语提出，用以描述农村人口向城市聚集、城市空间扩展及社会结构变迁的过程。城市化是一个国家现代化的重要组成部分。"城镇化"一词出现晚于"城市化"，这是中国学者创造的一个新词汇。党的十五届三中全会（1998年）通过的《中共中央关于农业和农村工作若干重大问题的决定》正式采用了"城镇化"一词。城镇化是经济社会发展和人类社会文明进步的趋向。城镇化，又称城市化，是指一个国家或地区随着社会生产力发展，从以农业为主的乡村型社会向以工业和服务业为主的城市型社会转变的过程。城镇化通过吸引生产要素向城镇聚集，促进产业结构调整和资源的优化配置，使第二、第三产业不断向城镇聚集；产业发展的规模经济效应，产生更大的市场和更高的利润；在扩展市场的同时，吸纳了农村富余劳动力，带动农民增收，农业生产效率提升，逐步缩小城乡差别；随着市场需求迅速增长和多元化，专业化分工进一步发展，工业与农业的经济效率进一步提升，形成工业化与城镇化、农业现代化相互促进的良性循环。

从国际城镇化的发展进程来看，城镇化通过提高人民生活水平，推动公共服务的普及以及质量的提高，推动社会治理的完善，缩小城乡和地区发展的差距，从而为人的全面发展提供现实条件。但是从世界及中国的城镇化实践来看，上述过程的实现程度与国家和城市政府的城镇化政策导向密切相关。根据我国历年国民经济和社会发展统计公报，1949年我国城镇化率为10.6%；到2023年，我国常住人口城镇化率已达66.16%，同期户籍人口城镇化率为48.3%，两个数字的差距达17.86个百分点，我国目前正经历推进城镇化高质量发展阶段。《2021年新型城镇化和城乡融合发展重点任务》明确提出要以县域为基本单元推进城乡融合发展，坚持以工补农、以城带乡，推进城乡要素双向自由流动和公共资源合理配置。① 《乡村振兴战略规划（2018－2022年）》明确提出城市近郊区要在形态上保留乡村风貌，在治理上体现城市水平，为城乡融合发展提供实践经验，为城郊城镇化发展指明

---

① 关于印发《2021年新型城镇化和城乡融合发展重点任务》的通知［EB/OL］. 中华人民共和国国家发展和改革委员会, https：//zfxxgk.ndrc.gov.cn/web/iteminfo.jsp？id=18025，2021－04－08.

了方向。① 与发达国家工业化后出现的生产和生活向城郊地区扩展所形成的自然城市化过程不同,我国的城郊失地农民的市民化具有被动特性。在以中心城市就业和居住为导向的传统城镇化下,多数失地农民被撤村建居、集中安置到城市,并获得城市户籍,但已有研究发现其城镇化效果并不理想,"被上楼"的失地农民生计状态并不乐观。为系统推进新型城镇化和乡村振兴,党的十九大提出要建立健全城乡融合发展体制机制和政策体系。② 本书所关注的就是城郊融合类村庄在城乡融合发展政策导向下的就地城镇化实践。

1.2 概念界定

1.2.1 城乡融合发展

2017年10月18日,党的十九大报告提出实施乡村振兴战略,同时提出"建立健全城乡融合发展体制机制和政策体系,加快推进农业农村现代化"。③ 这是第一次在国家层面明确提出"城乡融合发展"这一表述。2019年4月15日,《中

---

① 中共中央 国务院印发《乡村振兴战略规划(2018-2022年)》[EB/OL]. 中华人民共和国中央人民政府网. https://www.gov.cn/zhengce/2018-09/26/content_5325534.htm, 2018-09-26.

②③ 习近平:决胜全面建成小康社会 夺取新时代中国特色社会主义伟大胜利——在中国共产党第十九次全国代表大会上的报告[EB/OL]. https://www.gov.cn/zhuanti/2017-10/27/content_5234876.htm, 2017-10-27.

共中央 国务院关于建立健全城乡融合发展体制机制和政策体系的意见》发布，提出城乡融合发展就是要"促进城乡要素自由流动、平等交换和公共资源合理配置，加快形成工农互促、城乡互补、全面融合、共同繁荣的新型工农城乡关系"。① 文件提出要建立健全有利于城乡要素合理配置的体制机制，坚决破除妨碍城乡要素自由流动和平等交换的体制机制壁垒，促进各类要素更多向乡村流动，在乡村形成人才、土地、资金、产业、信息汇聚的良性循环，为乡村振兴注入新动能；到2035年，城乡融合发展体制机制更加完善，城镇化进入成熟期，城乡发展差距和居民生活水平差距显著缩小。城乡有序流动的人口迁徙制度基本建立，城乡统一建设用地市场全面形成，城乡普惠金融服务体系全面建成，基本公共服务均等化基本实现，乡村治理体系更加完善，农业农村现代化基本实现；提出到21世纪中叶，城乡融合发展体制机制成熟定型，城乡全面融合，乡村全面振兴，全体人民共同富裕基本实现。

1.2.2 城郊融合类村庄

《乡村振兴战略规划（2018－2022年）》提出，要分类推进乡村发展顺应村庄发展规律和演变趋势，根据不同村庄的发展现状、区位条件、资源禀赋等，按照集聚提升、融入城镇、

---

① 中共中央 国务院关于建立健全城乡融合发展体制机制和政策体系的意见 [EB/OL]. 中华人民共和国中央人民政府网, https://www.gov.cn/zhengce/2019－05/05/content_5388880.htm, 2019－05－05.

特色保护、搬迁撤并的思路，分类推进乡村振兴，不搞"一刀切"。将村庄分为四类：集聚提升类村庄、城郊融合类村庄、特色保护类村庄和搬迁撤并类村庄。

其中的城郊融合类村庄是指城市近郊区以及县城城关镇所在地的村庄，具备成为城市后花园的优势，也具有向城市转型的条件。这类村庄综合考虑工业化、城镇化和村庄自身发展需要，加快城乡产业融合发展、基础设施互联互通、公共服务共建共享，在形态上保留乡村风貌，在治理上体现城市水平，逐步强化服务城市发展、承接城市功能外溢、满足城市消费需求能力，为城乡融合发展提供实践经验。

1.2.3　城郊融合类村庄就地城镇化

本书所提出的城郊融合类村庄的就地城镇化区别于撤村建居、"集中上楼"的安置模式，其特征可以概况为：不改变户籍及住所，依托附属城市，在原城郊农村社区的基础上，在尊重城郊失地农民原有生产方式和生活方式的基础上，注重渐进实现其"人的城镇化"的安排或实践。

1.3　研究概述

1.3.1　研究目标

本书通过对我国欠发达地区两个县域城郊融合类村庄城

镇化实践的考察，探索城乡融合背景下城郊融合类村庄就地城镇化模式可持续性发展的机制。围绕以下五个方面的研究内容展开：第一，揭示城乡融合发展政策导向下城郊就地城镇化的可行性；第二，多视角对城郊融合类村庄就地城镇化实践状态进行考察；第三，创业视角下城郊就地城镇化下城郊农民可持续生计的考察；第四，揭示城郊融合类村庄就地城镇化可持续发展的机制；第五，因地制宜促进城郊融合类村庄就地城镇化的政策建议。

1.3.2 研究方法

本书以习近平新时代中国特色社会主义思想为指导，坚持历史唯物主义和辩证唯物主义的方法论，对已有的城郊城镇化模式的文献进行了梳理和反思，应用描述性统计分析和计量模型方法对城郊融合类村庄就地城镇化状态和城郊农民创业进行了分析，对城郊融合类村庄就地城镇化的可持续发展机制进行了定性和定量分析。

1.3.3 研究思路

本书从我国城乡融合背景下新型城镇化与乡村振兴融合发展的实践出发，在总结分析我国就地城镇化模式缘起和类别的基础上，对传统的"集中上楼"城郊城镇化模式进行了反思，提出本书的研究主题——城郊融合类村庄的就地城镇化。以两个欠发达地区的县域城郊融合类村庄为例，对城郊失地农民的就地城镇化状态从多方面进行了考察，并应用计量模型揭示了城郊失地农民城镇化状态的个体特征。接下来从可持续生计视角对年龄在60岁以下失地农民创业的影响因素进行了考察；在此基础上，从城乡融合政策下城郊农民的心理状态对城郊青年创业影响的视角，揭示城郊融合类村庄就地城镇化的可持续发展机制。本书设计了7章主要内容对城郊融合类村庄的就地城镇化实践进行分析总结。

第1章绪论。介绍了本书的相关概念、界定及研究思路。

第2章，城镇化发展模式的演变。在梳理世界城镇化发展规律和国际主流城市化发展路径的基础上，回顾了新中国成立后我国的城镇化发展历程，重点系统总结了我国就地城镇化模式的缘起及类别，最后明确了本书的研究主题，城郊渐进市民化——城郊融合类村庄的就地城镇化。

第3章，城乡融合发展与城郊就地城镇化。对传统的"集中上楼"城郊城镇化模式进行了考察，并对城郊城镇化模式转型进行了反思。从城乡融合发展的内涵、城乡融合型城镇化的科学基础和政策导向下城郊就地城镇化的可行性三个方面分析了城乡融合发展与城郊就地城镇化的逻辑关系。

第4章，城郊融合类村庄就地城镇化状态考察。从城郊失地农民失地前后的就业及收入状况、城郊农民失地后生活状况、城郊失地农民的城镇化意愿三个方面对城郊失地农民就地城镇化的实践进行考察；接下来从城郊农民失地前后的生计变化、城郊失地农民对"农民"与"市民"的认知及自身的身份认识、城郊失地农民失地前后的主观幸福感变化及城郊失地农民的城镇化意愿四个方面对 18~60 岁城郊农民就地城镇化状态进行了进一步的分析；进而应用 Logistic 回归模型，揭示出以上四个方面 18~60 岁城郊失地农民城镇化状态的个体特征。

第 5 章，城郊农民的可持续生计——创业及影响因素分析。在现有的补偿和保障措施之外，建立失地农民内在、自发的保障生存的动力机制，促进失地农民由生存到发展的转变，是保障就地城镇化状态下城郊农民的可持续生计的关键。本章对 60 岁以下的失地农民有创业意愿、失地后创业、失地前后保持创业及其他四类状态进行了统计描述，以创业状态中的"其他"类型为比较的基准类别，采用 Mlogit 回归模型从城郊农民的隐性人力资本、补偿满意度和城镇化意愿三个方面对其影响因素进行了分析。

第 6 章，城乡融合发展促进城郊融合类村庄就地城镇化可持续发展的机制。城郊青年是城郊社区最具活力的创业群体，从城乡融合政策下城郊青年心理状态（补偿满意度、对"当农民好"还是"当市民好"的认知、对未来生活的判断）对创业的影响，揭示城郊融合类村庄就地城镇化可持续发展的机制。

第 7 章，促进城郊融合类村庄就地城镇化的政策建议。促进城郊融合类新型城镇化和乡村全面振兴"双轮驱动"是实现城乡融合的必要途径，是实现中国式现代化的必然要求，本章对如何更好实现城郊融合类村庄的就地城镇化提出了对策建议。城郊融合类村庄的地带特点使其成为践行新型城镇化与乡村振兴融合发展的先行区域。在实践"人的城镇化"及乡村振兴的新时代背景下,国家已为城郊融合类村庄的城镇化发展作出了顶层设计,即在形态上保留乡村风貌,在治理上体现城市水平,为城乡融合发展提供实践经验。因此,首先应明确城郊融合类村庄作为新型城镇化与乡村振兴融合发展先行区的示范作用;城郊融合类村庄所属城市政府要树立"同城、同发展"观念,不搞"一刀切",应因地制宜推进城郊城镇化;要继续提高城郊失地农民补偿安置满意度;更加重要的是要推进失地农民可持续生计能力建设,保持城郊就地城镇化的可持续性。

第2章 城镇化发展模式的演变

2.1 城市化的发展条件

2.1.1 城市化缘起

城市化是人类文明进步和经济社会发展的大趋势,是落后的农业国向现代的工业国转变的必由之路,是一个国家或地区由以农业为主的传统乡村型社会向以工业和服务业等非农产业为主的现代社会逐渐转变的历史过程。城市化与工业化相伴相生。直到近代产业革命以后,城市才成为经济发展的中心和整个社会经济发展的动力,开始了近代意义上的城市化进程。早在原始社会向奴隶社会转变时期就出现了城市,但直到1800年,全世界的城市人口只占总人口的3%;1900年城市人口所占比例为13.6%,[①] 世界城镇化率在1982年为40.1%,

---

① 赵儒煜. 产业革命论 [M]. 北京:科学出版社,2003:84.

2023年提高到57.3%①。

恩格斯在《英国工人阶级状况》中对英国的城市发展进行了描述，对农村人口大量涌入城市的状况进行了分析。恩格斯曾经这样描述城市的发展："人口也像资本一样集中起来……于是村镇变成小城市，小城市变成大城市"，"城市越大，定居到这里就越有利，因为这里有铁路、运河和公路"，"这样一来，大工厂城市的数量就以惊人的速度增长起来"。② 塞尔达（1867）在其《城市化概论》中首次将"城市化"urbanización"作为专业术语提出。城市化是一个国家现代化的重要组成部分。城市化发展既是经济繁荣的象征，也是经济发展的强大动力。人口在城市中聚集会产生显著的规模经济效应，使私人和公共投资的平均成本和边际成本得以大幅度降低，产生更大的市场和更高的利润。随着人口和经济活动向城市集中，市场需求将会迅速增长和多元化，这会促进专业化分工，从而进一步提高经济效率。城市化通过吸引生产要素向城镇聚集，促进了产业结构调整和资源优化配置，成为解决就业、实现市场扩展、推进工业化的重要举措；城市化通过促进经济发展和提高人民生活水平，推动公共服务的普及以及公共服务质量的提高，推动社会治理完善，缩小城乡和地区发展差距等，为人的全面发展提供了巨大的潜在机会。

---

① 《中国农村经济》创刊40周年 | 魏后凯：如何看待中国的大规模快速城镇化［EB/OL］. 澎湃网, https://m.thepaper.cn/baijiahao_30117970, 2025-02-08.
② 马克思恩格斯文集（第1卷）［M］. 北京：人民出版社，2009：406.

2.1.2 农业剩余是城市化发展的首要条件

斯密在《国民财富的性质和原因的研究》中曾说过:"要先增加农村产物的剩余,才谈得上增设都市。"① 随着农业商品化和农业劳动生产率的普遍提高,农业出现了剩余。农业剩余劳动使剩余产品成为可能。西奥多·W. 舒尔茨在《改造传统农业》中提出:"一个像其祖辈那样耕作的人,无论土地多么肥沃或他如何辛勤劳动也无法生产出大量食物,一个得到并精通运用有关土壤、植物、动物和机械的科学知识的农民,即使在贫瘠的土地上,也能生产出丰富的食物。"② 农业生产效率的提高及农业剩余的增长是城市化的前提条件。

发达国家在工业化之前都曾有过以农业劳动生产率骤升为特征的"农业革命","农业革命"的出现是西方发达国家城市化和工业化的基础。如英国在工业革命前便开始引进荷兰的农业技术,并不断进行农业技术创新,使英国从1700年以后一度成为"欧洲的粮仓"。西方主要发达国家经历"农业革命"的时间大致是:英国1690~1700年;法国是1750~1760年;美国是1760~1770年;瑞士是1780~1790年;德国和丹麦是1790~1800年;奥地利、意大利和瑞典是在1820~1830年;西班牙是在1860~1870年(保罗·贝罗奇,1989)。

---

① 亚当·斯密. 国民财富的性质和原因的研究 [M]. 郭大力,王亚南,译. 北京:商务印书馆,2009.
② 舒尔茨. 改造传统农业 [M]. 北京:商务印书馆,1987.

第2章 城镇化发展模式的演变

在1880~1980年的100年间,英国的农业劳动生产率增长了6.4倍,法国增长了13.6倍,丹麦增长了13.3倍,日本增长了14.2倍,美国增长了21倍(成德宁,2002),这些国家农业劳动生产率的提高,使农业劳动力和农业资本在满足了农业需要、农产品在满足了农民和城镇居民的生活资料之后出现了剩余,这些农业剩余通过市场转化为货币形态,继而通过金融市场转化为工业资本,为工业发展提供资金;同时所产生的农业剩余劳动力从农业部门流向工业,促进了工业化,为城市化发展奠定了物质技术基础,是城市化发展的原动力,成为城市化的首要条件。而且西方主要发达国家在工业化基本实现后,机械的引进和化肥的使用使农业的生产效率进一步提高,出现了"第二次农业革命",为城镇化的进一步发展奠定了基础(成德宁,2002)。由此,形成了农业发展、工业化与城镇化的良性循环,即农业发展产生的农业剩余人口为其进入城镇工业部门创造了条件,工业化形成的人口集聚又会产生对化肥、机器、储藏设备和运输工具等产业需求,推进工业化和城镇化;农业生产效率的提升会进一步促进工业化发展和城镇化,进而整个社会的人均产出在增加。

与西方主要发达国家的工业化和城市化道路不同,许多在二战后独立的发展中国家,在追求实现工业化的过程中,或是忽视农业发展工业或是牺牲农业发展工业,大多造成城市化过程与工业不同步。在1970年以前的20多年里,整个发展中国家每年人均粮食生产和人均农业产出的增长都不到1%;在20世纪60年代,拉丁美洲和近东地区的人均农业产出增长率是零；非洲在20世纪60年代和70年代人均粮食和农产品产量不但没有增加，反而减少了（迈克尔·P.托达罗，1992）。由于未经历"农业革命"，农业劳动生产率依然低下，农产品大多不能自给，工业化和城镇化所需的农产品不得不依赖进口。由于农业没有取得突破性发展，这不仅使发展中国家工业高速增长难以为继，而且人为造成城乡发展差距。尽管在20世纪60年代末70年代初，一些发展中国家发生了所谓的"绿色革命"，如培育和推广高产粮食品种，增加化肥施用量，加强灌溉和管理，使用农药和农业机械等，较大幅度地提高了粮食产量。但由于农村土地制度改革滞后、生产成本上升、农产品价格因产量增加而下跌等原因，绝大多数小农收入增长乏力，导致农业人口盲目流动到城市，同时出现"城市病"和"农村病"。

2.1.3 工业化是城市化的根本前提

农业剩余促进了社会分工，工业化是社会分工发展的必然结果。随着工业化的发展，社会分工水平进一步提高，便产生了对城市化的迫切需求。因此，没有工业化便没有城市化，工业化是城市化的加速器，城市化是工业化发展的必然结果；同时，城镇化发展可以提高交易效率，进一步促进社会分工，推动工业化发展。

工业化的模式是影响城市化模式的一个决定性因素（成德宁，2002）。发达国家是工业化的先行者，西欧、北美等发达国家的城市化与工业化总体上是协调推进的。伴随着工业部门产值的上升和分工的加速，更多流入城市的农业剩余人口转移到工业部门就业，同步促进了城市化快速发展。很多发展中国家都曾受制于本国封建主义束缚和帝国主义的殖民统治，工业化起步较晚，工业化条件受到多种因素的制约。在不平等的世界经济体系下，曾受殖民统治的发展中国家建立起来的城市的主要功能是作为殖民者的原材料产地和制成品输入地或中转地，而不是本国的工业城市，城市有的大多仅是传统服务业，制造业发展严重滞后。如20世纪70年代中期，拉美地区城镇人口已占总人口的60%，但工业部门劳动力的比重却没有超过20%~30%（成德宁，2002）。工业化只能为少数人提供十分有限的就业机会，导致发展中国家流入城镇的人口很难在正规的制造业部门就业，城市化发展显著滞后于工业化，给城市社会经济发展带来一系列问题，出现"城市病"。

2.2 城市化与中国城镇化

2.2.1 国际主流城市化发展路径

在城乡关系的转化上，国际城市化发展路径主要经历了三个阶段的发展模式："城市掠夺农村"阶段、"城市反哺农村"阶段和"城乡一体化"阶段。

"城市掠夺农村"模式的持续时间大致从早期工业化开始到二战之后。工业革命催生了城市对农村资源的系统性攫取。资本主义原始积累的核心是对农村生产者的剥削，表现为圈地运动强制剥离农民与土地的联系，迫使劳动力向城市迁移。如英国通过《谷物法》等政策压低农产品价格，使农村成为工业化的"蓄水池"，劳动力与粮食资源单向流向城市。这一阶段奠定了"城市—农村"二元对立的经济基础。二战后，全球范围内的城市化加速与工业化深化形成耦合。发展经济学中的"刘易斯模型"将农村视为"劳动力无限供给"的来源，认为农村剩余劳动力的转移是工业资本积累的必要条件。在城乡关系上，体现为农村被强制性地服务城市发展需要。农村的优质生产要素被"掠夺"集中到城市，城市依靠"剥削"农村而发展。在城市产业得到发展的过程中，人口和就业流向自然由农村向城市单方向进行。

为解决早期工业化和城市化弊端所造成的城乡对立问题，从二战后到20世纪80年代左右，主流发达国家开始了"城市反哺农村"模式，即由早期工业化和城镇化造成的城乡发展中的双向弊端和压力，自然引发的回馈性政策调整。为解决农村发展极度衰退、农业生产压力加大的"农村病"和因城市人口过分集中而造成"城市病"，早期工业化发展快的国家，普遍地实施了反哺农业、回馈农村的政策，开始重视对农业、农村的扶持和现代化改造。人口流动开始由"集中"向"分散"转变，进而出现了"逆城市化"现象：产业、就业和人口开始向郊区、中小城市和小城镇转移。

20世纪80年代以来,众多发达国家的城市化开始进入"城乡经济社会一体化发展"模式。主要特征是在信息化的支撑下,在"城乡等值"和"城乡均衡"发展理念下,农村基础设施条件得以改善,农业的生产力水平得到提高,农村环境大幅度改善,农村人口生活水平提高,城乡收入差距缩小,农村具备了让人长期定居或让城市人口移居的环境和条件,这使得城市原有的时空优势已开始丧失;传统观念中的城市对农村的统治地位,城乡人口之间的地位、生活差别已基本消失,通过整个城镇化理念和整体路径的创新,实现了"城乡经济社会一体化发展"。

2.2.2 中国城镇化发展历程

"城镇化"一词的出现要晚于"城市化",这是中国学者创造的一个新词汇。1991年,经济学家辜胜阻在《非农化与城镇化研究》中使用并拓展了"城镇化"的概念。党的十五届三中全会通过的《中共中央关于农业和农村工作若干重大问题的决定》正式采用了"城镇化"一词。中国城镇化的特点是起步晚、水平中等、速度快。《中国新型城市化报告2012》指出,2011年中国城镇化率突破50%,中国城镇人口数量首次超过农村人口数量。[①] 根据我国历年国民经济和社会

---

① 牛文元.中国新型城市化报告2012 [M].北京:科学出版社,2012.

发展统计公报数据，2017年城镇人口达到58.52%，城镇化率超过了世界平均水平；2023年末中国常住人口城镇化率为66.16%。

新中国成立以来，我国城镇化经历了从起步到快速推进，再到高质量发展的过程。新中国的城镇化发展历程迄今大致包括1949~1977年计划经济下的城镇化波动发展阶段、1978~1995年的城市化稳步发展阶段、1996~2011年的快速城镇化阶段、2012年至今的减速提质阶段四个阶段。这一历程不仅反映了国家经济结构的深刻变革，也体现了社会需求、理论研究以及政策导向的不断演进。

（1）计划经济下的城镇化波动发展阶段（1949~1977年）

新中国成立后，我国城镇化进程初步启动，城镇化率从1949年的10.64%提升至1957年的15.39%，年均提高0.59个百分点。这一时期，新兴工矿业城市不断涌现，人口向城市聚集，城镇化与工业化同步发展。然而，1958~1960年"大跃进"期间，城镇化率快速上升，但随后因经济调整和"文化大革命"的冲击，城镇化进程出现停滞甚至逆转。

1958年颁布的《中华人民共和国户口登记条例》确立了城乡二元户籍制度，限制了人口的自由流动。这一政策在一定程度上阻碍了城镇化进程，也反映了当时国家对城市资源的管控和对农村劳动力的限制。这一阶段的主要问题是城镇化基础薄弱，城市基础设施和公共服务不足，城乡二元结构初步形成。阶段性目标是恢复和发展国民经济，推动城市化进程。然而，城乡二元结构加剧，户籍制度限制人口流动，城镇化进程受阻。

（2）城镇化稳步发展阶段（1978~1995年）

改革开放后，农村经济体制改革推动了乡镇企业的发展，就地城镇化模式兴起。1995年末，常住人口城镇化率达到29.04%，年均提高0.65个百分点。[①] 这一时期，城市经济体制改革逐步推进，城市数量和规模不断扩大。

1984年国务院发布《关于开创社队企业新局面的报告》，推动了乡镇企业的发展，促进了就地城镇化。这一政策为农村剩余劳动力提供了就业机会，推动了农村工业化和城镇化进程。费孝通提出了"小城镇，大问题"，强调小城镇在城镇化中的重要作用。他认为，通过发展小城镇可以有效吸纳农村剩余劳动力，促进城乡一体化发展。这一观点为我国城镇化发展提供了重要思路，推动了小城镇的快速发展。然而，这一阶段也暴露出一些问题，如城市改革滞后、农村工业化与城市化脱节、城乡差距进一步扩大。

（3）快速城镇化阶段（1996~2011年）

1996年后，随着市场经济体制的完善和户籍政策的逐步放宽，我国城镇化进入快速增长阶段。根据我国历年国民经济和社会发展统计公报，2011年末，常住人口城镇化率首次超过50%，达到51.27%，年均提高1.34个百分点。这一时期，东

---

① 沧桑巨变换新颜 城市发展启新篇——新中国75年经济社会发展成就系列报告之十九［EB/OL］．国家统计局网站，https://www.stats.gov.cn/sj/sjjd/202409/t20240923_1956628.html，2024-09-23．

南沿海地区形成了强有力的经济带和城镇化带，城市数量和规模显著增加。

1998年国务院发布《关于进一步深化城镇住房制度改革加快住房建设的通知》，推动住房市场化改革，促进了城市化进程。这一政策不仅改善了城市居民的居住条件，也推动了城市基础设施建设。然而，这一阶段也面临诸多问题，如城乡差距扩大，"城市病"问题凸显，户籍人口与常住人口城镇化率差距拉大。这些问题表明，单纯追求城镇化速度已难以满足高质量发展的要求，亟须转向以质量为核心的新型城镇化。彭红碧和杨峰（2010）较早关注了新型城镇化的科学内涵，指出新型城镇化以科学发展观为引领，发展集约化和生态化模式，增强多元的城镇功能，构建合理的城镇体系，最终实现城乡一体化。这种观点为后续城镇化政策的调整提供了理论支持。

（4）减速提质阶段（2012年至今）

2012年后，我国城镇化进入减速提质阶段，强调人的城镇化和城乡融合发展。2023年末，常住人口城镇化率达到66.16%，年均提高0.75个百分点。这一时期，户籍制度改革深入推进，公共服务均等化水平不断提高。这一阶段仍面临诸多挑战，如户籍制度改革仍需深化、公共服务均等化不足、城市治理能力有待提升。这些问题表明，新型城镇化仍需在制度创新、公共服务优化和城乡融合等方面持续发力。

单卓然和黄亚平（2013）指出，新型城镇化是以民生、可持续发展和质量为内涵，以追求平等、幸福、转型、绿色、健康和集约为核心目标，以实现区域统筹和协调一体、产业升级和低碳转型、生态文明和集约高效、制度改革和体制创新为重点内容的崭新城镇化过程。这种观点为后续城镇化政策的调整提供了理论支持。2014年国务院印发《国家新型城镇化规划（2014–2020年）》，明确以"人的城镇化"为核心，推动户籍制度改革和公共服务均等化。2014年国务院发布《关于进一步推进户籍制度改革的意见》，放开中小城市落户限制，推动农业转移人口市民化。2022年国务院发布《2022年新型城镇化和城乡融合发展重点任务》，强调优化城市空间布局，推进城市群和都市圈建设。2024年7月31日国务院发布《深入实施以人为本的新型城镇化战略五年行动计划》，提出以县域为基本单元推进城乡融合发展，推动城镇基础设施和公共服务向乡村延伸覆盖，促进县乡村功能衔接互补。

目前，我国城镇化率已由1978年的17.86%提高到2024年的67.00%，创造了人类历史上空前规模的城镇化进程，但一直以来进城务工的农业转移人口在基本公共服务方面与城市户籍人口仍存在差距。国家正在通过新的发展战略继续推进城镇化高质量发展，如2025年中央一号文件《中共中央 国务院关于进一步深化农村改革 扎实推进乡村全面振兴的意见》提出：健全农业转移人口市民化机制，推动转移支付、新增建设用地指标、基础设施建设投资等与农业转移人口市民化挂钩；推行由常住地登记户口提供基本公共服务制度，完善全国公开统一的户籍管理政务服务平台，鼓励有条件的城市逐步将稳定就业生活的农业转移人口纳入城市住房保障政策范围，进一步提高农业转移人口义务教育阶段随迁子女在流入地公办学校就读的比例，全面取消在就业地参保户籍限制等。

2.3 就地城镇化实践

2.3.1 就地城镇化的缘起

众多国家现代化的发展历程表明，城市化与工业化是相伴相生的，发达国家的城市化基本上是与工业化同步进行的。新中国成立后基于历史基础、资源约束等多方面因素选择了以大城市为依托的工业化道路。近代我国工业布局受殖民经济影响，70%以上的工业设施集中在沿海大城市（如上海、天津、武汉），这些地区具备现成的交通、能源和劳动力基础，便于快速恢复和发展生产（严中平，1955）。而且，在资本稀缺的情况下，集中投资于大城市能最大化规模效应，降低配套成本，如"一五"时期辽宁工业区的钢铁、机械企业集群比分散布局节省30%以上的建设费用（汪海波，1985）。由于这种方式不能带动农村劳动力就业结构的变化和居民居住方式的改变，不能解决农村剩余劳动力的有效转移问题，结果使二元经济结构越发强化。在计划经济体制下，我国实施了一系列计划经济手段和强制性政策，严格控制乡城人口流动，如1958年颁布的《中华人民共和国户口登记条例》第一次明确将城乡居民区分为"农业户口"和"非农业户口"两种不同户籍,严格限制农村剩余劳动力进入城市,导致城镇化水平滞后于工业化和经济发展水平。在这种政策下,城市越发展,农村越落后,城乡差距问题越突出。

20世纪80年代,在城乡经济社会体制依然分割的情况下,苏南地区农村率先依靠村社组织进行内部资金、劳动力、土地等资源动员,中国农村工业兴起。在实现农村工业化的过程中,农民通过职业身份的转变和居住向社区中心集中的方式实现了在农村社区的城镇化,就地城镇化实践开始出现。通过实现剩余劳动力转移进入以乡镇企业为代表的农村工业部门,国民经济出现了三元结构的新局面,即传统农业、乡村工业和现代工业三大系统并存。费孝通由此提出的"小城镇"建设理论成为我国20世纪八九十年代城市化路径的风向标。即通过发展"小城镇"解决我国改革开放后劳动力转移就业问题,将"小城镇"作为"蓄水池",通过工作"离土不离乡""工农相辅",同时围绕工业生产实现农村居住模式向社区中心或集镇集中的模式转变,实现"就地城镇化",从而为农村和城市两极"减负"。这是我国苏南地区率先探索出的因地制宜的城市化发展路径与模式。

但从城乡关系上看,制约城乡间生产要素流动的制度性壁垒始终没有消除,农业劳动力向工业部门的转移被限制在农村地区,导致城镇化滞后于工业化,没有形成工业化与城镇化相互促进的格局,我国城市体系内部规模和层次也不尽合理。

2.3.2 "撤村并居"就地城镇化

随着工业化的推进,我国城市化的快速发展造成土地需求的缺口越发增大。为了缓解用地紧张的局面,我国于2004年颁布了《国务院关于深化改革严格土地管理的决定》,提出"城乡建设用地增减挂钩"试点,期望通过"增减挂钩",节约农村集体建设用地,以用于发展小城镇和县域经济。此项政策激发了地方政府开展土地整治的积极性,催生了农民就地城镇化的第二轮实践。

如杭州市的"撤村建居"实践始于1998年,旨在通过撤销行政村建制,将其转变为城市居民区,加快城市化进程。位于杭州市H县经济开发区的某社区,是典型的"撤村建居"社区。该社区于2008年和2010年完成建设,共安置了6个行政村2130户农户,涉及6300人。杭州市政府出台了一系列政策,支持"撤村建居"工作。例如,要求原村集体经济组织实行股份合作制改造,确保农民在集体资产中的权益。此外,政府还提供了就业、入学、就医等方面的保障,帮助农民实现市民化。该社区的农民普遍反映,通过"撤村建居",他们的生活条件得到了显著改善,享受到了与城市居民相同的公共服务。然而,部分农民也表达了对就业机会不足和生活成本上升的担忧。2009年浙江省杭州市5县(市)选择约20个中心镇和重点镇推行以"三置换"为核心内容的大规模城市化。"三置换"是指农民"宅基地换商品房""承包地换城社保"以及"集体资产换股权"。"宅基地换商品房"是这次城市化的核心。"依据规划，置换规划范围内的农户自愿放弃宅基地，将农村住宅同商品房进行置换，由所在乡镇人民政府统一安置到集镇规划区公寓式商品房居住。农村住宅用地复垦为耕地，复垦整理后产生的土地挂钩指标由所在乡镇取得。"通过"宅基地换商品房"，通过"撤村并居"，推动了该地区农村人口整体向城市转移。处于置换区农村的农民，通过"宅基地换商品房"集中居住到集镇小区，通过"承包地换城市社保"实现了农民身份角色的转换，成为现代城市社会中的市民。

江苏省是我国较早开展"撤村并居"实践的地区之一。2003年，江苏省提出"率先全面建成小康社会、率先基本实现现代化"的目标，推动工业化和城镇化加速发展。在此背景下，各地纷纷开展"撤村并居"工作，以解决工业用地紧张和农村土地碎片化问题。

2005~2007年，无锡市将撤村并居纳入"农村基本现代化重点工作"考核目标，计划三年内撤并2165个自然村。通过将农村土地平整后节余的集体建设用地用于工业发展，无锡市不仅缓解了工业用地紧张的问题，还推动了农村剩余劳动力的就地转移，促进了农村经济的快速发展。2005年，南通市召开农村居住规划工作会议，计划用20年时间完成撤村并居规划。南通市的实践强调尊重和参与农民意愿，通过发展农村工业园区和配套服务业，实现了农村产业的转型升级，改善了农民的生活条件。江苏省的"撤村并居"实践在推动工业化和城镇化方面取得了显著成效,在无锡市和南通市的实践中,部分农民对"撤村并居"表示支持,认为这一举措改善了他们的居住条件,增加了就业机会。然而,也有农民担心土地权益受损和生活成本上升。还有诸如农民土地权益保护不足和乡村文化传承受阻。

2021年,北京市通州区发布《北京城市副中心(通州区)"十四五"时期乡村振兴规划》,提出推进副中心155平方千米范围内城镇集建型村庄建设,涉及潞城镇、宋庄镇和张家湾镇等多个村庄。该规划强调因村制宜,探索以城乡等值化为核心的新型城镇化模式,完善农村基础设施和公共服务设施。通州区的"撤村建居"工作采取了"撤村不撤社"的原则,保留了村集体经济组织,确保农民在土地流转和集体资产中的权益。例如,潞城镇的7个村和张家湾镇的15个村已逐步完成撤村建居工作,农民的生活方式和生产方式发生了显著变化。通州区的农民普遍对"撤村建居"表示支持,也有部分农民担心土地流转后的收益分配问题和社区管理的复杂性。通州区的"撤村建居"实践在推动城市副中心建设方面发挥了重要作用。通过保留村集体经济组织,农民的土地权益得到了保障,同时也促进了农村产业的转型升级。专家建议,应进一步完善社区治理机制,提升农民的参与度和满意度。

"撤村建居"作为一种就地城镇化的实践模式,在我国多个地区取得了显著成效。这一模式不仅推动了农村工业化和城镇化进程,还改善了农民的生活条件。然而,实践中也暴露出一些问题,如农民土地权益保护不足、就业机会不足和生活成本上升等。诸如撤村并居、农民集中居住、农村新安居工程、农民上楼、农村社区化等类似政策实践,在推进城镇化发展、改善农民居住条件、缓解工业用地紧张局面的同时,也产生了一些问题(如农村集体经济资产的流失问题、违背农民的意愿、侵害农民的财产权益、生计风险问题和增加农业生产的不便利性等问题),引起了社会的广泛关注。

不同的城市化路径在主导力量、实施手段、实施目的和结果上均存在巨大差异。20世纪八九十年代苏南地区的就地城镇化是村社主导的、以村庄规划为手段、以适应工业化需求和改善居住条件为目标的渐进的城镇化;"城乡建设用地增减挂钩"试点过程中推行的农民就地城镇化是激进城市化,是地方政府主导的、以"撤村并居"为手段、以获取土地指标和城市化率为目的的城市化。激进城市化打破了城乡二元体制结构,改善了农民的外部居住条件,从整体上提高了农民的生活质量;但其实施过程中也面临资金、可持续性、社会稳定和社区文化再造过程中的困境。

2.3.3 农民工就地(就近)城镇化

伴随我国社会主义市场经济体制的建立,大致从1992年开始我国城镇化进程进入快速推进时期,经过20年的城镇化发展,2012年城镇化率达到52.57%,与世界平均水平大体相当,城镇化取得显著成效。我国农业转移人口(通常理解为农村农业剩余劳动力到城市务工)的传统城镇化模式主要采用的是异地城镇化,即农业转移人口向大城市和经济发达地区转移,并实现非农就业。但城镇化质量不高的问题日益凸显,主要表现在:一是市民化进程滞后,呈现"半城镇化"状态,农业转移人口在劳动就业、教育资源、医疗卫生、公共服务、社会保障等方面未能与城镇居民实现均享和均等待遇,大量农业转移人口难以融入城市社会;二是土地城镇化快于人口城镇化,城镇用地低效,经济发展模式粗放,自然生态和社会环境面临不可持续发展等问题;三是城镇规模结构不合理,城镇化发展存在大、中、小城市和城镇发展失衡问题,中小城镇空间分布与资源环境承载能力不匹配,呈现比较明显的大城市"马太效应";四是大城市"城市病"问题日益凸显,人口无序集聚、能源资源紧张、生态环境恶化、交通拥堵严重、房价居高不下、安全形势严峻;五是农村出现"空心村"、农地撂荒、宅基地闲置、留守老人(妇女、儿童)等"农村病"。

在此背景下,我国城镇化战略进行了适时调整,提出要"坚持走中国特色新型城镇化道路,推进以人为核心的城镇化","方便农民就近城镇化"。农业转移人口的就地城镇化一般指在县市行政辖域内的人口城镇化,农业转移人口从过去向大城市、中心城市迁移转变为向所属县市域中小城市、中心城镇的迁移,实现生产、生活和居住方式的转变。相较于异地城镇化,就地城镇化是一种符合我国国情的新型城镇化模式,在强调如何处理城乡关系问题上,更强调回归"人

第 2 章 城镇化发展模式的演变

本",并思考被城市扩张的"经济人"理性所掩盖的人的社会属性。首先,农业转移人口就地城镇化是对城乡协调关系的认知回归。城市与乡村之间的自然、经济、社会等要素联系越密切,越有利于城乡协调发展(张文明,2014)。在传统的异地城镇化模式下,城镇化的指导思想是"城市发展导向",导致城乡差距进一步加大,城乡发展不平衡。就地城镇化可通过吸纳县(市)周边农业转移人口,扭转我国城镇化发展造成的结构失衡状况。其次,农业转移人口就地城镇化是以人为本的新型城镇化。"以人为本"的实质是围绕着人的生产、生活和居住条件来解决与之相关的一切矛盾和问题,其核心主旨是尊重人、尊重人的特性和本质。我国农业转移人口的异地城镇化存在明显的"不完全城镇化"或"半城镇化"问题,如 2016 年我国常住人口城镇化率已达到 57.35%,但是户籍人口城镇化率仅为 41.20%,[①] 被统计为城镇常住人口的非城市户籍人口处于"伪城镇化"状态,大多无法在劳动就业、公共医疗、社会保障和基础教育等公共福利上取得与务工城市居民的同等待遇。"以人为本"是我国新型城镇化战略的本质特征,注重农业转移人口发展的平等性、全面性和持续性,以人的全面自由发展为价值取向。最后,关注农业转移人口内部的市民化能力差异,实现农业转移人口有序转移。考虑到我国农业转移人口存在的阶层分化,在城镇化和

---

① 发展改革委有关负责人就《国家新型城镇化报告 2016》接受记者采访 [EB/OL]. 中华人民共和国国家发展和改革委员会网站, https://www.gov.cn/xinwen/2017-07/11/content_5209582.htm, 2017-07-11.

工业化容纳农业转移人口就业能力不足以及社会保障体系不完善的情况下,越是依赖土地的农业转移人口财富越少,个体行动能力越差,城镇化之后所承担的生计转型风险就越大,在所属地域的市、县、镇就地城镇化,可以使差异化的农业转移人口有更多选择,避免了异地城镇化的高风险。

在此背景下,我国城镇化战略进行了适时调整。我国农民工就地(就近)城镇化的政策演进是一个循序渐进、逐步深化的过程,其政策文件体系呈现明显的阶段性和系统性特征,演进过程反映了国家对城乡融合发展的高度重视。早期政策探索可追溯至2010年国务院发布的《关于加大统筹城乡发展力度进一步夯实农业农村发展基础的若干意见》,首次提出"鼓励有条件的城市将有稳定职业并在城市居住一定年限的农民工逐步纳入城镇住房保障体系",为农民工市民化提供了初步政策依据。2014年国务院发布《国家新型城镇化规划(2014-2020年)》首次明确提出"促进农业转移人口就地就近城镇化"的目标,强调通过县域经济发展和中小城市吸纳农民工,缓解大城市人口压力;提出"人地钱"挂钩机制,将财政转移支付、新增建设用地指标与农业转移人口市民化挂钩,激励地方政府吸纳农民工落户。2016年国务院发布了《关于实施支持农业转移人口市民化若干财政政策的通知》,明确了农民工市民化的成本分担机制,解决地方政府在吸纳农民工落户中的资金压力;提出要建立农业转移人口市民化奖励机制,通过中央财政转移支付支持地方政府提供公共服务。2019年国家发展改革委发布的《关于培育发展现代化都市圈的指导意见》提出，要推动农民工就地城镇化与都市圈建设相结合，促进城乡要素自由流动；通过"以城带乡、以工补农"的发展模式，强化都市圈内中小城市对农民工的吸纳能力。2020年《中共中央 国务院关于构建更加完善的要素市场化配置体制机制的意见》提出要进一步深化土地要素市场化改革，允许集体经营性建设用地入市，为农民工就近城镇化提供了土地制度保障。2021年国家发展改革委发布的《"十四五"新型城镇化实施方案》提出要进一步深化户籍制度改革，推动农民工市民化质量提升；提出"常住地登记户口"制度，逐步实现农民工在流入地享有与户籍人口同等的基本公共服务权利。2022年，中共中央办公厅、国务院办公厅印发《关于推进以县城为重要载体的城镇化建设的意见》，明确提出要引导农业转移人口就近城镇化，完善大中小城市和小城镇协调发展的城镇化空间布局。这一政策文件为就地城镇化提供了明确的政策支持，强调县城在城乡融合发展中的关键支撑作用，推动了就地城镇化的实践探索。2024年国家发展和改革委员会等部门发布的《关于进一步加强农民工服务保障工作的意见》提出放宽城镇落户限制，保障进城落户农民工的土地权益；明确农民工在城镇落户后，其农村土地承包权、宅基地使用权和集体收益分配权不受影响，探索自愿有偿退出机制。2025年中央一号文件《中共中央 国务院关于进一步深化农村改革 扎实推进乡村全面振兴的意见》提出，强化乡村振兴与新型城镇化的有机结合，推动农民工就地就近城镇化；提出"城乡融合发展新格局"，通过财政、金融和政策工具支持县域经济发展，保障农民工在城乡之间的"可进可退"权益。

这些政策文件的出台和实施，逐步构建起了我国农民工就地（就近）城镇化的政策体系，如通过"人地钱"挂钩机制解决资金和土地资源配置问题、通过户籍制度改革和公共服务均等化提升农民工市民化质量以及通过土地制度改革保障农民工的合法权益等。然而，政策实施过程中仍面临产业支撑不足、公共服务供给不均等挑战。

农民工就地（就近）城镇化是实现城镇化高质量发展的重要途径。各地通过户籍制度改革、公共服务均等化、产业支持等措施，有效推动了农业转移人口的市民化。这些实践不仅为农民工提供了更多的就业机会和生活保障，也为城镇化高质量发展提供了有益经验。

2.3.4 城郊渐进市民化—城郊融合类村庄就地城镇化

第二次世界大战以后，随着主要发达国家大城市的急剧膨胀，开始出现对城市郊区特定描述的一些术语，如"边缘区（fringe）""内缘区（inner-fringe）""乡村—城市边缘区（rural-urban fringe）""城市影子区（urban shadow zone）"等。在20世纪30年代至50年代，在欧洲南部地区，由于经济上的国家主义和干预主义对城市土地利用产生结构上和区位上的影响，绝大多数企业和公司纷纷挤向大城市地区，极大地推动了城市郊区的发展；在20世纪70年代，英国尤其是苏格

第2章 城镇化发展模式的演变

兰高地及岛屿的城市外围地区,已广泛存在着"反城市化"现象,即城市居民开始从闹市区向一些远郊农村地区转移(顾朝林和熊江波,1989)。

我国在20世纪80年代,引入了"城市边缘区(suburban fringe)"(顾朝林和熊江波,1989)、"城乡接合部"(俞兴泉,1989)等概念。《中国城市发展报告(2011)》显示,预估至2030年我国失地农民规模将达到1.1亿人。城郊城镇化逐渐成为我国农业转移人口市民化的重要组成部分。如江苏省昆山市作为我国东部沿海地区经济发达的县级市,其城郊村的就地城镇化进程具有典型性和示范性。自20世纪80年代以来,昆山市的城郊村经历了从传统农业村庄到现代化城镇社区的快速转型。20世纪80年代至90年代,昆山市的城郊村通过发展乡镇企业,实现了从传统农业向工业的初步转型。这一时期,村庄的空间形态开始向集镇化转变,形成了以工业区和居民区为核心的空间布局。进入21世纪,随着城市化进程的加速,昆山市的城郊村进一步优化空间布局,通过土地整理和集中安置,形成了现代化的城镇社区。昆山市的城郊村在产业结构上实现了从传统农业向工业和服务业的多元化转型。20世纪80年代至90年代,通过发展乡镇企业,形成了以制造业为主导的产业格局。近年来,随着城市化进程的加速,部分村庄又开始向高端服务业和文化创意产业转型。昆山市的城郊村在社会治理方面也进行了积极探索,通过完善社区治理机制,提升了居民的参与度和满意度。同时,村庄的公共服务水平也得到了显著提升,教育、医疗、社会保障等公共服务逐步实现城乡均等化。

又如湖北省武汉市蔡甸区和四川省成都市龙泉驿区，分别在2000~2010年、2005~2015年，在城乡融合方面取得了显著进展。城郊村通过土地流转和集中安置，实现了村庄空间的优化和整合。村庄的空间形态从分散的农村聚落向集中的城镇社区转变，形成了以生态农业和休闲旅游为主导的新型社区；在产业结构上实现了从传统农业向非农产业的多元化转型；村庄的公共服务水平也得到了显著提升，教育、医疗、社会保障等公共服务逐步实现城乡均等化。同时，学界和社会也认识到，妥善安置城郊失地农民成为我国城镇化进程中备受关注的社会问题（鲍海君和吴次芳，2002）。与发达国家工业化后出现的生产和生活向城郊地区扩展所形成的自然城市化过程不同，我国的城郊失地农民的市民化具有被动特性。在以中心城市就业和居住为导向的传统城镇化下，多数失地农民被撤村建居、集中安置到城市，并获得城市户籍（许兴龙等，2017），但已有研究发现其城镇化效果并不理想，"被上楼"的失地农民生计状态并不乐观。为系统推进新型城镇化和乡村振兴，党的十九大提出要建立健全城乡融合发展体制机制和政策体系。在国家乡村振兴战略和城乡融合发展的新时代背景下，《乡村振兴战略规划（2018-2022年）》提出，要顺应村庄发展规律和演变趋势，根据不同村庄的发展现状、区位条件、资源禀赋等，按照集聚提升、融入城镇、特色保护、搬迁撤并的思路，分类推进乡村振兴，不搞"一刀切"；提出城郊融合类村庄是指城市近郊区以及县城城关镇

第 2 章　城镇化发展模式的演变

所在地的村庄,具备成为城市后花园的优势,也具有向城市转型的条件。综合考虑工业化、城镇化和村庄自身发展需要,加快城乡产业融合发展、基础设施互联互通、公共服务共建共享,在形态上保留乡村风貌,在治理上体现城市水平,逐步强化服务城市发展、承接城市功能外溢、满足城市消费需求能力,为城乡融合发展提供实践经验。党的二十大报告提出,要"坚持城乡融合发展,畅通城乡要素流动","深入实施区域协调发展战略、区域重大战略、主体功能区战略、新型城镇化战略","推进以人为核心的新型城镇化,加快农业转移人口市民化"。

城郊融合类村庄的乡村振兴和新型城镇化融合发展具有加强城乡融合发展、实现区域协调发展的现实功能。本书中所提出的城郊融合类村庄就地城镇化是一种城郊村原村就地城镇化模式,不搞"集中上楼"、不改变失地农民的户籍,强调通过城乡融合发展,实现城郊渐进实现"人的城镇化"的安排或实践。

第 3 章 城乡融合发展与城郊就地城镇化

3.1 对传统城郊城镇化的考察与反思

城郊失地农民的城镇化是伴随中国的城镇化发展进程及模式进行的。21世纪的前20年是中国城镇化快速发展的时期,城郊城镇化也经历了"被市民化"过程及其所导致的问题引起的反思。随着国家"城乡一体化""新型城镇化"乡村振兴战略及城乡融合发展新型城乡关系的实践,城郊失地农民的城镇化也出现了对传统"集中上楼"社区的反思与城镇化模式转型的共同实践。

传统集体上楼城镇化模式的特点主要体现在:第一,政府主导与土地垄断。传统集体上楼模式主要由政府主导,城市政府垄断了建设用地一级市场,通过土地征收将农村集体土地转变为国有建设用地,用于城市基础设施建设或出让给开发商进行产业开发。这种模式在快速推进城市化的同时,也确保了土地资源的集中管理和高效利用。第二，集中安置与社区化居住。失地农民通过集中安置进入城市社区，居住空间呈现明显的城镇化和社区化特点。这种模式不仅改善了农民的居住条件，还促进了土地的集约利用。第三，经济补偿与社会保障。在集体上楼过程中，农民通常会获得一定的经济补偿，用于购买安置房或作为生活保障。然而，这种补偿往往难以满足农民长期的生活和就业需求。第四，集体上楼模式推动了失地农民的市民化，但这一过程往往是被动的，农民在短时间内难以适应城市生活和就业方式。农民往往处于被动地位，其意愿和需求未能得到充分尊重。许多农民对集中上楼后的就业机会和社会保障表示担忧。集体上楼后，农民虽然获得了经济补偿，但就业机会不足，社会保障水平较低，难以与城市居民享受同等福利。这种衔接不畅导致部分农民生活成本上升，生活质量下降。农民进入城市社区，但社区治理模式和社会融合程度较低。新社区的邻里关系较为疏远，农民难以融入城市生活，社会网络重建困难。在一些地区，集体上楼后的安置区规划不合理，导致土地资源浪费和低效利用。例如，安置区规划简单划一，缺乏公共空间和配套设施，影响了农民的生活质量。农民虽然在形式上转变为市民，但在心理和身份认同上仍存在较大差距。许多农民难以适应城市生活，对市民角色的认同感较低。

传统的城市化下，学者们将城郊农民市民化的中心议题定位在进城上，即如何融入城市。相关研究主要有"经济补偿论""安全论""角色转型论"等。如有学者指出，城市政府在发展主义框架下偏重人口迁移而忽视被征地人员利益保护（陈映芳，2003）。城郊农民不欢迎地方政府的"撤村建居"，政府应采取措施以保障城郊农民向市民转变的经济安全、社会安全和政治安全（毛丹和王燕锋，2006）。社会身份完整、角色期待明确、互动环境良好，以及新旧角色间转换通道顺畅、新角色固化健全等是城郊农民顺利实现市民化的前提或条件（毛丹，2009），这个过程是外部赋能和自身增能的过程（文军，2004）。但因政策、体制不到位，城郊失地农民成为受城市和乡村双重排斥的"弱势群体"（文军，2012）。另有学者从居住空间分异的视角指出，城市与农村在生产生活方式、社会关系等方面存在的差异使农民在由传统村落向现代城市社区转移的同时，面临着生活场景以及社会角色的剧烈变动，难以形成现代城市生活方式、行为方式和价值观念，进而难以融入城市（赵琴，2015）。不要强行把农村变成城市、把农民变成市民，成为学者们相当程度的共识。

随着城乡一体化和新型城市化发展理念的提出，通过完善和建构城乡公共服务一体化体制来促进城郊农民市民化的观点开始出现。卢福营（2016）指出，城乡一体化和新型城市化是把城郊视为城市的有机组成部分；城郊农村公共服务的数量、水平等制约了城郊农民市民化进程。同时，在新型城镇化的背景下，在为解决农民工异地城镇化问题而提出的就近、就地城镇化模式的基础上，有学者明确了农民就地城镇化的内涵，并指出城乡接合部的就地城镇化是其中最紧迫、最复杂的一种类型（胡宝荣和李强，2014）。有学者提出，应从城郊村（社区）的独特性出发，选择其城镇化战略策略（卢福营，2016）。

3.2 城乡融合发展与城郊就地城镇化的逻辑关系

3.2.1 城乡融合发展的内涵

城乡融合发展以破除城乡分割的二元经济结构、构建的新型城乡关系为目标，强调通过城乡共同建设调整城乡利益关系（徐雪和王永瑜，2023）；城乡融合发展是将城市与乡村置于平等地位，强调城乡双向融合互动和体制机制创新，注重发挥市场机制在城乡资源配置中的决定性作用（魏后凯，2020）。改革开放以来，特别是党的十八大以来，我国在城乡融合方面取得了显著进展，但城乡融合发展依然面临诸多问题，主要表现在城乡产业协同不充分，城市与农村产业的互补性不强，协同的深度和广度还有待提高；农村优质人口大量流失，农村"空心化"问题影响农村经济社会的可持续发展；农村在经济发展、人均可支配收入、基础设施、公共服务等方面与城市存在较大差距。其根源在于影响城乡融合发展的体制机制障碍尚未根本消除。2019年5月发布的《中共中央 国务院关于建立健全城乡融合发展体制机制和政策体系的意见》提出，建立健全城乡融合发展体制机制和政策体系，明确到 2022 年初步建立城乡融合发展体制机制，到 2035 年城乡融合发展体制机制更加完善，到 2050 年城乡融合发展体制机制成熟定型；重点任务包括建立健全有利于城乡要素合理配置、基本公共服务普惠共享、基础设施一体化发展的体制机制；指出要以协调推进乡村振兴战略和新型城镇化战略为抓手，以缩小城乡发展差距和居民生活水平差距为目标，以完善产权制度和要素市场化配置为重点，坚决破除体制机制弊端，促进城乡要素自由流动、平等交换和公共资源合理配置，加快形成工农互促、城乡互补、全面融合、共同繁荣的新型工农城乡关系，加快推进农业农村现代化。这为城乡融合发展提供了顶层设计，强调通过体制机制创新促进城乡要素自由流动、公共服务均等化和基础设施一体化，推动城镇化高质量发展。2023 年 1 月 2 日发布的《中共中央 国务院关于做好 2023 年全面推进乡村振兴重点工作的意见》强调，要坚持城乡融合发展，健全城乡融合发展体制机制和政策体系，畅通城乡要素流动，统筹县域城乡规划建设，推动县城城镇化补短板强弱项，加强中心镇市政和服务设施建设，推进县域农民工市民化。这在乡村振兴战略框架下明确了城乡融合发展的具体要求，应通过加强县域城乡统筹、推动县城和中心镇发展、促进农民工市民化等举措，为城镇化进程注入新动力。2024 年 7 月 28 日国务院发布《深入实施以人为本的新型城镇化战略五年行动计划》，提出要坚持以人为本、遵循规律、分类施策、集约高效等原则，目标是经过 5 年努力，常住人口城镇化率提升至接近 70%；重点任务包括实施新一轮农业转移人口市民化行动、推进新型工业化城镇化提质增效、实施现代化都市圈培育行动、实施城市更新和安全韧性提升行动。这为新型城镇化建设提供了具体行动指南，聚焦农业转移人口市民化、新型工业化城镇化、都市圈培育和城市更新等领域，推动城镇化发展质量和水平的提升。《乡村全面振兴规划（2024—2027年）》明确了未来一段时间坚持城乡融合发展、推进乡村全面振兴的目标任务和政策举措。强调在县域内破除城乡二元结构，把城镇和乡村作为一个整体统筹谋划，促进城乡在规划布局、要素配置、产业发展、基础设施、公共服务、生态保护、治理体系等方面相互融合和共同发展。

我国城乡融合发展政策文件体系不断完善，从顶层设计到具体实施，为城乡一体化发展提供了全面的政策支持，这些政策文件旨在通过户籍制度改革、要素市场化配置、公共服务均等化等措施，推动城乡要素自由流动和公共服务均等化，促进城镇化进程的高质量发展。

城乡融合发展是要在保持城市和乡村的各自优势、功能和特色的前提下，城乡内部和城乡之间通过物质、信息和能量的互动，实现城乡经济、社会和空间上的融合发展。

（1）城乡经济结构的融合

城乡经济融合主要体现在生产要素双向自由流动和三次产业有机融合两个方面。劳动力、资金、技术、信息等生产要素是推动城乡经济融合的基本要素。要实现城乡融合发展，首先要破除城乡互动的体制机制壁垒，改变生产要素由"农村到城市"的单方向流动,改变由城市对农村土地、劳动力、资本等生产要素的"虹吸效应"所导致的乡村凋敝现状,通过生产要素由"城市到农村"流动,发挥城市的反哺能力,最终实现"城乡互流",实现城乡产业融合。

(2) 城乡社会结构的融合

城乡社会结构的失衡缘于城乡经济结构的二元对立,主要表现在城乡在基础设施、公共服务、文化认同等方面的差异。因此,首先,应在打破"重城轻乡"建设理念的基础上,加大对乡村建设的资金投入比例,进行城乡统一规划布局,实现城乡基础设施建设合理化、均衡化。其次,应继续加大在就业、教育、医疗、社会救助等方面的经费保障和转移支付力度,对涉及公共教育、公共卫生等有关人力资本培育、群众健康的公共服务项目以及社会救助等兜底性公共服务,以中央负担为主(叶兴庆等,2019)。最后,要破除对乡村文化的偏见和疏离,要通过丰富的教育和实践活动提高农民素质,挖掘和弘扬乡村先进文化,重塑乡村文化体系,推动城乡文化接轨。

(3) 城乡空间结构的融合

空间融合是城乡融合发展的基础。空间是城乡的共同载体,它既是在历史发展中生产出来的,又随着历史的演化重新解构和转化,空间问题始终是资本、经济、权力和社会进程共同作用的产物(吴次芳等,2019)。首先,通过城乡产业融合促进城乡空间融合。城乡空间融合是城乡经济结构融合的地理表现,通过优化城乡产业布局,可以加快生产要素流动,促进城乡三次产业融合发展,实现乡村与城市在空间上的融合发展;其次,城乡空间融合可以促进城乡人口流动并模糊城乡身份差异,通过城乡文化的碰撞、交流和认同,加速城乡社会结构融合;最后,城乡空间融合可以改善乡村的生态边缘化趋势,通过城乡空间的统一规划,打破污染流动的恶性循环,重塑和优化城乡生态环境优化。

3.2.2 城乡融合型城镇化的科学基础

由城乡分割向城乡融合转型是一个国家或地区实现城乡均衡发展的转型升级过程,是世界城市化发展的普遍规律。马克思认为,"消灭城乡对立并不是空想,不多不少正像消除资本家与雇佣工人的对立不是空想一样。消灭这种对立日益成为工业生产和农业生产的实际要求"[1];"消灭城乡之间的对立,是共同体的首要条件之一,这个条件又取决于许多物质前提,而且任何人一看就知道,这个条件单靠意志是不能实现的"[2]。因此,城乡融合是人类历史发展的必然趋势,是要克服城乡各自片面性的弊端,是要扬弃和超越城乡之间的分离和对立;是在生产力高度发展的基础上,消除旧的分工,城乡共同享受社会福利,实现社会全体成员的全面发展。从

---

[1] 马克思恩格斯选集(第3卷)[M]. 北京:人民出版社,1995:215.
[2] 马克思恩格斯选集(第1卷)[M]. 北京:人民出版社,1995:104-105.

经济学视角看，城乡融合发展是指依照人类社会的经济发展规律，需要统筹安排城乡生产力布局，需要城乡之间的经济分工与协作，使整个社会的产出取得最佳经济效益。从社会学视角看，城乡融合是要破除城乡相互分割的壁垒，逐步实现城乡在人口、经济和社会生活等方面的互动和紧密联系，最终实现城乡在生活水平等方面的均等化（王春光，2001）。

新中国成立后，由于受计划经济体制的影响，形成了城乡二元分割问题。随着我国社会经济发展水平的不断提高，打破城乡发展局限，实现城乡间要素自由流动、城乡居民权益均等的要求不断迫切。党的十九大提出，新型城镇化和乡村振兴是我国实现城乡融合发展的"双轮"，以城乡融合发展为特征的新型城镇化成为我国城镇化高质量发展的必然选择。城乡融合型城镇化是在社会生产力发展到特定阶段，通过城乡之间在经济、社会、文化、生态等方面的融合发展，实现"体制统一、规划一体、资源共享、利益共得"的城乡一体化的城镇化新格局（李红玉，2013）。

城乡融合型城镇化具有以下科学基础。

第一，城乡均衡发展理论为城乡融合型城镇化提供了理论依据。麦吉（McGee，1991）的 Desakota 模式认为，未来的城乡结构将是社会地理系统的相互作用与相互影响而形成的一种新的空间形态，城乡间通过铁路、高速公路的交通走廊形成城乡融合的新空间经济及聚落形态，即"泛城市"。道格拉斯（Douglass，2006）的区域网络发展模式认为城乡间是相互依赖的，"区域城市网络"是基于许多聚落的功能体，地域聚落相互关联并都有其地方化特征,城乡间通过"要素流"相联系,通过"城乡联系的良性循环"实现城乡均衡发展。塞西利亚·塔科里(Cecilia Tacoli,1998)的城乡相互作用理论强调生计基础是城市与乡村经济社会发展最主要的区别,城乡相互作用包括人流、物流、资本流动以及信息交流等多方面的联系。这种联系在经济领域尤为重要,许多城市企业依赖农村消费者的需求,而农业生产者也依赖城市市场和服务。此外,城乡互动还体现在许多家庭通过农业和非农业收入的结合来维持生计。

第二,中国已经进入推进城乡融合型城镇化的战略机遇期。从经济社会发展的城乡关系演变的基本规律来看,当一国的人均GDP超过3000美元、农业占GDP比重降到10%、城镇化水平达到50%时,是推动城乡融合、一体化发展的最佳时机(李红玉,2013)。2023年,我国人均GDP为1.303万美元、农业占GDP比重降到6.9%;常住人口城镇化率已达66.16%,同期户籍人口城镇化率为48.3%。综合来看,我国已经进入以城带乡、以工促农、城乡互动、一体化发展的新阶段,推进城乡融合型城镇化正当其时。

第三,伴随着城镇化实践发展,我国一直在朝着城乡融合发展的方向进行政策调整。受城市偏向政策导向等因素的影响,我国快速城镇化并没有必然导致城乡融合发展。重塑城乡关系,是推进新型城镇化的前提。党的十七届三中全会就已经提出要把加快形成城乡经济社会发展一体化新格局作为推进农村改革发展的根本要求。党的十八大进一步明确,城乡发展一体化是解决"三农"问题的根本途径,要把推进新型城镇化作为推进经济结构战略性调整的重点。党的十九大报告提出实施乡村振兴战略,提出以协调推进乡村振兴战略和新型城镇化战略为抓手,建立健全城乡融合发展体制机制和政策体系,切实推进城乡要素自由流动、平等交换和公共资源合理配置,重塑新型城乡关系。党的二十大报告提出要全面推进乡村振兴,深入实施新型城镇化战略,明确到2035年"建成现代化经济体系,形成新发展格局,基本实现新型工业化、信息化、城镇化、农业现代化"的发展目标,强调"推进以人为核心的新型城镇化"。

第四,城乡融合发展的理念和政策供给是实现就地城镇化的导向要素。首先,城乡产业融合创造的就业机会是就地城镇化的关键。城乡产业融合是城乡产业突破地域分割,通过内在联系和关联效应,使区域内城乡的三次产业及其内部行业之间跨界融通、相互依托,形成产业链、价值链和供应链的纵向延伸与横向拓展。城乡产业融合能够提升涉农产业发展质量并创造新的产业形态,为农业转移人口、城郊失地农民或农村居民就地就近城镇化创造就业机会。其次,城乡社会融合发展增强乡城等值吸引力,促进就地城镇化。通过城乡在就业、医疗、教育、社会保障等方面的各项基本权益、基础设施、文化认同感等方面的"均等""均值",提升就地就近城镇化吸引力。再次,城乡空间融合促进城乡互动便捷。城乡空间融合指的是随着城乡建设用地的扩张、城乡聚落连通性的增强及城乡交通便捷性的提高,城镇与乡村的空间界限日渐模糊，城乡在不断互动的过程中耦合形成一体的城乡融合区域。城乡空间融合，一方面，可以提升乡村土地的市场价值，缓解城市建设用地扩张，可以通过城乡交通基础设施建设一体化建设，促进要素流动；另一方面，通过对城乡建设土地和空间布局的统一规划，使城乡突破界限耦合成为一体的城乡功能融合区，提升城乡资源，尤其是乡村资源的使用效率，为城乡产业融合提供发展空间。进而，可以吸引聚合各类人才资源到靠近乡村的区域就地就近创业。最后，城乡生活融合促进城乡生活水平差距逐渐缩小。城乡生活融合是城乡融合发展促进就地就近城镇化的最终目标，是在城乡空间融合、产业融合、社会融合的基础上，城市和乡村在生活方式上相互作用、相互渗透，表现为城乡居民在收入、消费、生活条件和基础设施等方面的差距逐渐缩小。

3.2.3 政策导向下城郊就地城镇化的可行性

"以人为本"的新型城镇化建设除了要关注物质形态、社会保障和政策制度外，还要关注作为新型城镇化建设主体和客体的"人"的主观感受和需求（魏晓辉等，2022）。与其他农业转移人口相比，失地农民是因国家发展被动进入城镇化、被迫进行市民化的，多数人在经济、劳动技能上准备不足，对城市文化缺乏足够的了解，因而他们对进入城市生活在经济收入、社会保障和文化需求等方面存在一定的特殊性。传统的城郊城镇化模式下，城市政府对"上楼"生活在多大程度上符合失地农民对美好生活的期待存在主观判断，对失地农民对城市的归属感以及生活的获得感和幸福感考虑不足。城郊居民搬离原村"集中上楼"变为市民，这种短时间在居住地点、生活方式、身份认知等方面的被动变化引发了综上所述的一系列问题。

失地农民面临的是持续发展不充分与稳定工作需要的矛盾、共享发展成果不充分与满意收入需要的矛盾（江维国和李立清，2019）。社会认同理论认为，群体赋予个体的身份对个体具有重要价值和意义，个体期望得到群体认同，获得群体身份。个人身份认同能够有良好的自我表达、社会意义感和自信，因而对幸福感有积极影响。在精神生活方面，以乡土文化为特征的农村生活与以现代文明为特征的城市生活存在价值观念、生活习惯和风俗习惯等方面的冲突与对立。同化型流动人口的生活满意度高于融合型、分离型和边缘型等（李志刚等，2020）。社会融合程度是幸福感的一个重要影响因素，身份认同在一定程度上是实现社会融合的标志。失地农民既渴望融入城市，但又无法融入；离开了农村，却对农村充满眷恋。如50%的失地农民没有参加过任何形式的城镇文化活动（何艳冰等，2017）；失地农民的日常交往对象中，城里人、同事只占10.94%，而亲戚、朋友和以前村上熟人占比却高达89.06%（严蓓蓓，2013）。

党的十九大报告指出，"我国社会主要矛盾已经转化为人民日益增长的美好生活需要和不平衡不充分的发展之间的矛盾"。为了顺利推进工业化建设而造成的城乡二元结构是我国

第3章 城乡融合发展与城郊就地城镇化

目前城乡发展不平衡、乡村发展不充分的根源。党的十九大提出"建立健全城乡融合发展体制机制和政策体系",并将新型城镇化战略与乡村振兴战略"双轮驱动"作为推进城乡融合发展的重要抓手,二者共同拓展城乡融合发展的广度和深度,这为突破传统的"集中上楼"式城郊城镇化模式、为城郊融合类村庄就地城镇化提供了政策和实践空间。城乡融合发展,不仅是一个包含发展内涵的概念,更是一个富有改革内涵的概念,需要破除现存的体制机制弊端,让市场在资源配置中起决定性作用,更好发挥政府作用,推动城乡要素自由流动、平等交换。从城乡融合的时空距离来看,推进失地城郊村实现城乡融合型城镇化具有普遍的实践意义。城乡融合发展理念为城郊失地农民就地城镇化提供了新的发展契机。

(1) 城郊村由"被边缘化"回归到城郊"和谐共生"

城郊农村与城区的"和谐共生"关系主要体现在城市与郊区在产业及经济功能上的互补互促。从产业融合方面看,按国际城镇化进程的普遍规律,城镇化发展到一定阶段,受环境、成本等因素的影响,工业企业特别是传统工业企业会远离中心城市,向城郊、周边中小城市、小城镇迁移。本书调研的辽宁兴城城郊两村积极围绕城郊社区服务城市发展、承接城市功能外溢、满足城市消费需求的功能定位,发展泳装加工、家庭宾馆、农(渔)家餐馆、渔产冷冻仓储等城市旅游业及渔业的相关服务业,为失地农民创造了很多就业机会。

从消费互补看,一方面,城市经济的现代性、集约性会继续使其成为城郊居民大项消费的主要场所；另一方面，伴随我国城镇化发展过程中出现的"逆城镇化"现象，如乡村休闲旅游、从大城市到小城市和乡村异地养老、城里人到乡村和小城长期居住等将会成为促进城郊消费、拉动城郊经济发展的重要力量。如兴城旅游以"城、泉、山、海、岛"吸引着众多国内游客慕名前来，近年又伴随出现北京等地城市居民来此购房养老、到郊区家庭宾馆定期居住等新的消费动向，带动了兴城市及城郊经济的发展，使城郊失地农民分享到了城市旅游经济发展的红利。

长期以来，城郊村在快速城市化进程中面临着被边缘化的风险。然而，城乡融合发展战略的提出，为城郊村的复兴提供了政策支持。通过优化城乡空间布局，加强基础设施建设，城郊村正在逐步实现与城市的和谐共生。例如，一些城市通过建设特色小镇和田园综合体，将城郊村的自然景观与城市功能相结合，既保留了乡村的生态优势，又提升了城市的宜居性。

（2）推动城乡要素自由流动、平等交换

城乡融合发展的关键在于打破城乡二元结构，促进要素自由流动和平等交换。近年来，国家出台了一系列政策，旨在消除城乡要素流动的制度障碍。例如，通过户籍制度改革，降低农民进城落户门槛，促进劳动力在城乡之间的自由流动。《乡村振兴战略规划（2018－2022年）》提出，要坚决破除体制机制弊端，使市场在资源配置中起决定性作用，更好发挥政府作用，推动城乡要素自由流动、平等交换。2019年8月审议通过的《中华人民共和国土地管理法（修正案）》除了符合民意的完善土地征收程序、按区片综合地价进行补偿等重大利好之外，更具创新意义是提出破除农村集体经营性建设用地入市的法律障碍，改变了过去农村的土地必须征为国有才能进入市场的问题，能够为农民直接增加财产性的收入，为维护好、实现好、发展好农民的土地权益，提供了制度保障。这为促进城郊失地农民的就地城镇化提供了发展空间、激发了发展活力。这些政策的实施，不仅提高了农村土地的利用效率，还为失地农民提供了更多的就业机会和收入来源。

（3）使城郊兼具"现代"与"乡愁"，成为极具吸引力的城镇化场域

城乡融合发展和乡村振兴战略最终是为了实现城乡在空间上的均衡发展、城乡居民生活质量等值化、促进社会公平和共同富裕，逐步实现马克思所描述的"人的自由和全面发展"的美好社会发展目标。

城乡融合发展理念强调在推进城镇化的同时，保留乡村的自然风貌和文化特色。通过发展乡村旅游、休闲农业等新业态，城郊地区正逐渐成为兼具"现代"与"乡愁"的新型城镇化场域。例如，一些城郊村通过打造乡村旅游品牌，吸引城市居民前来体验乡村生活，不仅促进了当地经济的发展，还保留了乡村的文化记忆。这种"现代"与"乡愁"的结合，不仅提升了城郊地区的吸引力，也为失地农民提供了更多的就业机会和创业空间。

调研发现，更多城郊失地农民认为"农村户口好"，不希

望宅基地动迁，但认为"当市民好"的比例高于"当农民好"的比例，原因主要是城郊农民所感受到的城乡基本公共服务的差异。在城乡融合发展的背景下，城乡居民基本公共服务均等化的实现将能够极大提升就地城镇化城郊失地农民的获得感、幸福感、安全感；兼具现代与"乡土"两方面特质的城郊社区会成为更多怀有"乡愁"的城市居民及农业转移人口的定居之选。

第4章 城郊融合类村庄就地城镇化状态考察

在以中心城市就业和居住为导向的传统城镇化下，多数失地农民被撤村建居、集中安置到城市，并获得城市户籍，但"被上楼"的失地农民生计状态并不乐观，大部分失地农民无法实现自我认同的转换，伴随出现城市融入内卷化。在国家乡村振兴战略和城乡融合发展的新时代背景下，《国家乡村振兴战略规划（2018－2022年）》明确提出城市近郊区要在形态上保留乡村风貌，在治理上体现城市水平，为城乡融合发展提供实践经验，为城郊城镇化发展指明了方向。

本书所提出的城郊融合类村庄的就地城镇化是区别于撤村建居、"集中上楼"的安置模式，其特征可以概括为：不改变户籍及住所，依托附属城市，在原城郊农村社区的基础上，在尊重城郊失地农民原有生产方式和生活方式的基础上，注重渐进实现其"人的城镇化"的安排或实践。

本章内容旨在关注"保留乡村风貌"的失地农民的就地

城镇化实践，拟从失地前后的生计变化、市民身份认知、主观幸福感变化、城镇化意愿（户口退出意愿、宅基地退出意愿）四个方面细致考察城郊失地农民的就地城镇化状态，并从个体特征视角考察影响失地农民城镇化状态的影响因素，以期为乡村振兴和城乡融合发展背景下国家及城市政府制定城郊失地农民的城镇化政策提供些许参考。

本书课题组组织学生调研员于 2017 年 12 月和 2018 年 7 月对辽宁省兴城市两个实行就地城镇化的城郊村 A 村和 B 村进行了入户问卷调查，访谈对象是农业户口的成年失地农民。两次调查共获得有效问卷 670 份，其中 A 村（全部或部分失地）问卷占 55.67%，B 村（全部失地）问卷占 44.33%。

4.1 城郊失地农民就地城镇化的实践考察

4.1.1 城郊失地农民失地前后的就业及收入状况总体向好

得益于辽宁兴城作为海滨城市的地利，泳装加工、农家院、家庭宾馆、房屋出租等就业渠道给两村居民的生产、生活带来了持久的生机和活力。B 村泳装加工、家庭宾馆业发展兴盛，全村 1/4 以上农户从事家庭宾馆业。A 村居民主要从事围绕生活服务业的临街店铺经营及渔业的相关服务业（如冷冻仓储、涉渔零工），也有部分农民从事泳装加工及家庭宾馆、房屋出租等。另外，A村由于较早发展村办企业并与时俱进，原村办企业现已发展为A村企业集团股份有限公司，支撑了全市经济发展并带动村民就业，且全体村民入股分红，并积极改善村基础设施建设，居民幸福度较高。

表4-1显示了调研的年龄在18岁以上，60岁以下的失地农民失地前后的就业情况。被访的两村失地农民失地前有37.89%主要从事农作物种植业，失地后这一比例降为5.16%；失地后处于无业状态的农民数量由13人上升到55人；主要从事零工、雇工和个体经营的分别增加到失地前的1.26倍、1.68倍和1.90倍（见表4-1）。按一般对农民职业划分的认知，本书对失地农民的就业类别层级划分如下：无业→农作物种植业→零工→雇工→个体经营（将果树种植、渔业、养殖包括在内）→私营企业。按此划分，被访失地农民就业层级下降、没变、上升的占比分别为10.76%、56.05%、33.18%，就业层级没变及上升的比例占到样本的89.23%。收入方面，失地后处于无收入状态的农民数量由13人上升到55人；失地后较失地前，月收入在1500元以下的三个组别比例均大幅下降，月收入在1500元以上的四个组别收入均大幅上升（见表4-2）。统计显示，被访失地农民收入水平下降、没变、上升的占比为17.04%、26.01%、56.95%，收入水平没变及上升的比例占样本的82.96%。

表 4-1　　　　　　　　失地前后就业类别构成

项目	失地前		失地后	
	人数（人）	比例（%）	人数（人）	比例（%）
无业	13	2.91	55	12.33
农作物种植业	169	37.89	23	5.16
果树种植	0	0	1	0.22
渔业	26	5.83	27	6.05
养殖业	3	0.67	3	0.67
零工	92	20.63	114	25.56
雇工	101	22.65	141	31.61
个体经营	41	9.19	81	18.16
私营企业	1	0.22	1	0.22
合计	446	100	446	100

表 4-2　　　　　　　　失地前后的收入状况

项目	失地前		失地后	
	人数（人）	比例（%）	人数（人）	比例（%）
0 元/月	13	2.91	55	12.33
500 元以下/月	79	17.71	13	2.91
500~1000 元/月	121	27.13	44	9.87
1000~1500 元/月	94	21.08	54	12.11
1500~2000 元/月	35	7.85	63	14.13
2000~3000 元/月	69	15.47	109	24.44
3000~5000 元/月	26	5.83	79	17.71
5000 元以上	9	2.02	29	6.5
合计	446	100	446	100

第4章 城郊融合类村庄就地城镇化状态考察

还应看到，在统计的18岁以上、60岁以下的446位失地农民中，有10.76%就业层级下降，17.04%收入水平下降，因此在国家新型城镇化及乡村振兴战略实施的过程中要本着"一个都不能少"的原则，保证失地农民生计水平不降低、有发展。

城郊农民的城市化进程，并非简单的空间位移，更是生活方式、社会关系以及价值观念的深刻变革。在这一过程中，就业能力与收入水平直接影响着城郊农民在城市中的生活质量和社会融合程度。

首先，就业能力是城郊农民立足城市的基石。相较于传统农业技能，城市就业市场更青睐专业化、技术化的人才。拥有较强就业能力的城郊农民，能够更快地适应城市产业结构，获得稳定且收入可观的工作，从而为其在城市安家落户提供坚实的经济基础。反之，就业能力不足则容易陷入失业或低收入困境，难以负担城市高昂的生活成本，甚至面临被迫返乡的窘境。其次，收入水平是衡量城郊农民城市生活质量的重要指标。较高的收入水平意味着更好的住房条件、更优质的医疗教育资源以及更丰富的文化娱乐生活，这些都直接提升了城郊农民的城市生活体验和幸福感。同时，收入水平也影响着城郊农民的社会交往范围和方式。收入水平的提高，有助于其拓展社交圈层，融入城市主流社会，逐步实现从"边缘人"到"新市民"的身份转变。

然而，就业能力与收入水平并非孤立存在，二者相互影响，共同作用于城郊农民的城市化进程。提升就业能力是增加收入水平的前提,而收入水平的提高又能为城郊农民提供更多学习培训的机会,进而进一步提升其就业能力,形成良性循环。因此,促进城郊农民城市社会融合,需要从提升就业能力和收入水平两方面入手。政府应加大对城郊农民的职业技能培训力度,提升其就业竞争力。同时,完善社会保障体系,为城郊农民提供更多就业机会和创业支持,帮助他们更好地融入城市生活,共享城市发展成果。

4.1.2 城郊农民失地后生活状况总体上得到改善

调研发现,两城郊社区居民认为失地后居住条件改善的占53.22%,认为生活条件得到改善的占66.06%,有57.38%的失地农民认为未来生活会变得更好。

另有33.33%的失地农民认为现在的社区基础设施及服务与所属城市存在差异。在国家推进新型城镇化和乡村振兴战略的过程中,城乡基础设施互联互通有了极大的改善,但调研中发现B村居民对村内基础设施如村内道路、活动场所、垃圾处理等方面表达出了更多期盼。调研发现,A村居民失地后的生活状况和幸福感要好于B村。主要原因是A村原来的村集体经济实力雄厚,现在A村已作为股份成为A村企业集团的一部分。在A村领导的积极带领及村集体经济的强力支持下,该村是辽西最早的"自来水村""文明村""北京平房"村,现在村中便捷的道路、中心路两侧热闹的店铺、齐整的"北京平房"、漂亮的A村小区(由村企业集团在村南临路开发)、正规现代的村委会，令 A 村居民的脸上洋溢着更多的祥和之气，该村更是于 2019 年入选中国美丽乡村百佳范例村庄。

城郊农民在土地被征用后，其居住条件、生活条件以及社区基础设施和服务等方面往往会发生显著变化。居住条件的改善为城郊农民享受城市文明成果、融入城市生活提供了物质基础，有利于提升其生活质量和幸福感。失地后，城郊农民的生活方式也逐渐向城市居民靠拢。便利的交通、丰富的商业设施、完善的医疗教育资源等，为其提供了更多就业、教育、医疗、娱乐等方面的选择，生活更加丰富多彩。同时，城市文明的熏陶也促使城郊农民转变思想观念，提升自身素质，逐步适应城市生活节奏和规则。完善的社区基础设施和公共服务是城郊农民融入城市生活的重要保障。良好的社区环境、健全的物业管理、丰富的社区文化活动等，能够增强城郊农民的归属感和认同感，促进其与城市居民的交流互动，加速社会融合进程。此外，完善的公共服务体系还能够为城郊农民提供就业指导、技能培训、社会保障等方面的支持，帮助他们更好地适应城市生活。

尽管失地后居住环境改善为城郊农民城镇化质量提升带来了机遇，但也面临着一些挑战。例如，部分安置社区地理位置偏远，交通不便，生活配套设施不完善，影响了城郊农民的生活质量。因此应加强安置社区的规划建设，完善基础设施和公共服务配套，为城郊农民创造良好的生活环境。同时，应加强社区文化建设和社区治理，促进城郊农民与城市居民的交流融合，营造和谐宜居的社区环境，组织开展丰富多彩的社区文化活动，增强城郊农民的归属感和认同感。

4.1.3 城郊失地农民的城镇化意愿

总体来看，更多失地农民认为"当市民好"，却认为"农村户口好"，不希望宅基地动迁。

（1）城郊失地农民对"当农民好"与"当市民好"的认知

调研发现，城郊失地农民对"农民"和"市民"的认知上，认为"当市民好"的比例高于"当农民好"的比例（见表4-3），表明受我国经济、社会发展二元结构的长期影响，"城市比农村更文明、工业比农业更发达、市民比农民更幸福"的思想认识依然在相当部分的城郊失地农民中存在。

表4-3　认为"当农民好"还是"当市民好"

项目	"当农民好"	"当市民好"	"说不清/都好"	合计
人数（人）	181	237	244	662
比例（%）	27.34	35.80	36.86	100

在认为"当农民好"的原因中，"邻里交往方便"选项选中的最多（43.65%）（见表4-4），[①] 表明在就地城镇化的过

---

① 表4-3～表4-13中相关项目的样本数量存在差异，原因是670份有效问卷中并不能保证每一项调研内容中都有答案或答案有效。为最大限度利用数据中的有效信息，不同的统计指标会表现出样本数量的差异。

第4章 城郊融合类村庄就地城镇化状态考察

程中，原村的自然、自由、和谐的生产、生活环境是失地农民最看重的；其次看中的因素中占比较大的是经济上考虑的三项：种地有保障、消费低、生活压力小；后两个选的比较多的因素是"农村空气好"和"有扶农政策"（见表4-4）。

表4-4　认为"当农民好"的多选原因中被选中的项

项目	邻里交往方便	种地自由/种地有保障	消费低	生活压力小	农村空气好	有扶农政策
人数（人）	79	74	74	69	59	45
比例（%）	43.65	40.88	40.44	38.12	32.60	24.86

在认为"当市民好"的原因中，城市生活的方便、现代、有保障等的每一种考虑都在体现着"城市比农村更优越"的城乡差异（见表4-5）。由于两村距离城市中心较近，很容易让村民感到城乡基础设施的差距。访谈中，两村比较来看，A村由于村集体经济的保障，社区道路、村公园等建设方面村民的满意度较高，而一路之隔的B村，百姓对道路、公园等基础设施的抱怨较多。

表4-5　认为"当市民好"的多选原因中被选中的项

项目	生活方便	城市生活现代	交通方便	孩子上学好	工资高、收入稳定、有退休金、医疗条件好、生活水平高	有公园、广场
人数（人）	115	82	79	77	57	33
比例（%）	48.52	34.60	33.33	32.49	24.05	13.92

(2) 城郊失地农民的城乡户口意愿

值得注意的是，与对"农民"和"市民"的认知相反，两社区失地农民认为"农村户口好"的比例（34.33%）高于"城市户口好"的比例（31.13%）（见表4-6），而认为"农村户口好"的主要原因是"国家政策好（医疗、养老等）"和喜欢/习惯农村生活（见表4-7），而认为"城市户口好"的主要原因为"孩子上学好"（37.67%）、"可以享受城市养老保险"（28.77%），如表4-8所示；"不愿意放弃农村户口"的比例（30.24%）高于"愿意放弃农村户口"的比例（28.7%），如表4-9所示。

表4-6 失地农民对户口的看法

项目	"农村户口好"	"城市户口好"	无所谓	合计
人数（人）	161	146	162	469
比例（%）	34.33	31.13	34.54	100

表4-7 认为"农村户口好"的多选原因中被选中的项

项目	国家政策好（医疗、养老等）	喜欢/习惯农村生活	不给办理	土地是个保障	能享受集体分红	没差别/没用	可以继续发展事业	占地分钱
人数（人）	104	24	10	6	3	2	1	1
比例（%）	64.60	14.91	6.21	3.73	1.86	1.24	0.62	0.62

表4-8　认为"城市户口好"的多选原因中被选中的项

项目	孩子上学好	可以享受城市养老保险	可以享受城市医疗保障	有工作、有退休金、生活有保障	城市生活水平高	城市生活现代	"城里人"听着就好听	基础设施好	工作轻松、福利待遇好	有楼房住
人数（人）	55	42	35	34	8	1	1	1	1	1
比例（%）	37.67	28.77	23.97	23.79	5.48	0.68	0.68	0.68	0.68	0.68

表4-9　是否愿意放弃农村户口选择城市户口

项目	愿意	不愿意	无所谓	合计
人数（人）	130	137	186	453
比例（%）	28.7	30.24	41.06	100

（3）城郊失地农民对宅基地动迁的意愿

宅基地动迁是失地农民城镇化过程的标志之一，在对被调研的两个实践就地城镇化的失地社区的访谈中，发现失地农民"不希望"宅基地动迁的比例是最高的（见表4-10）。"希望"宅基地动迁的比例也超过了样本的1/3。如表4-11所示，从失地农民宅基地动迁意愿背后的考量因素看，在"希望"宅基地动迁的因素中占比最高是"有补偿"的考虑，在被访者中有超过一半认为"补偿"要素是他们首要考虑的，其次被较多选择的要素是动迁后的城市生活比农村优越。在"不希望"宅基地动迁的考虑要素中，有近1/4的被访者是倾向考虑的是"住习惯了/乡土情结"，"补偿"要素占比居第二位，还有就是出于对城市居住、生活、就业、消费等的担心（见表4－12）；有25.32%的被访失地农民对宅基地动迁表示出了"无所谓"的态度，主要原因是"补偿到位就行"（见表4－13）。

表4－10　　　　　　　　是否希望宅基地被征用

项目	希望	不希望	无所谓	合计
人数（人）	165	186	119	470
比例（%）	35.11	39.57	25.32	100

表4－11　　　　　　　　希望宅基地动迁的考虑要素

项目	有补偿	能改善生活	城里条件好	想住楼	被动征用没办法
人数（人）	84	30	20	19	7
比例（%）	50.91	18.18	12.12	11.52	4.24

表4－12　　　　　　　　不希望宅基地动迁的考虑

项目	住习惯了/乡土情结	补偿少	担心住处	不适应/担心城市生活	村里有营生，生活稳定	城里开销大	不想/不爱动了	年龄大了，不爱动了	没差别
人数（人）	46	44	20	18	11	9	9	5	4
比例（%）	24.73	23.66	12.42	10.75	5.91	4.84	4.84	2.69	2.15

表4－13　　　　　　　对宅基地动迁采取无所谓态度的原因

项目	补偿到位就行	响应国家号召/自己说了也不算	城乡无差别	随大流	动与不动各有各的好处	其他
人数（人）	55	17	6	5	2	4
比例（%）	46.21	14.29	5.04	4.20	1.68	3.36

第4章 城郊融合类村庄就地城镇化状态考察

从以上调研发现可以看出，城郊失地农民在城镇化进程中表现出复杂的意愿：一方面认为"当市民好"，另一方面却希望保留农村户口和宅基地。这种矛盾心理反映了城镇化过程中农民在利益权衡、风险规避和制度约束下的理性选择。

第一，从身份选择方面看，体现了近郊农民对市民身份的经济收益与风险规避的判断。农民认为"当市民好"，主要源于市民身份带来的经济收益，包括更高的收入水平、更好的公共服务（如教育、医疗）以及更多的就业机会。市民身份能够为农民及其后代提供更高质量的人力资本积累机会，从而提高长期收入水平。然而，农民对市民身份的追求受到风险规避心理的制约。由于城市生活成本高、就业不稳定，农民担心失去土地后无法应对经济风险，因此倾向于保留农村户口作为"安全网"。第二，农村户口的制度性优势在于土地依赖。农村户口的制度性优势是农民不愿放弃农村户口的重要原因。农村户口不仅与宅基地使用权、土地承包权等财产权益挂钩，还享有一定的集体收益分配权。根据产权理论，这些权益为农民提供了稳定的经济保障和潜在的资产增值机会。此外，农民对土地的依赖还体现在其作为生产资料和社会保障的双重功能上。土地不仅是农民的主要收入来源，还在失业、养老等情况下提供基本生活保障。第三，宅基地的情感价值与经济价值。宅基地对农民而言具有特殊的情感价值和经济价值。从行为经济学角度看，宅基地不仅是农民的家庭财产，还承载着世代相传的文化和情感纽带。农民对宅基地的依恋反映了其对传统生活方式的认同和对未来不确定性的担忧。同时，宅基地的经济价值也不容忽视。随着城镇化推进，宅基地的潜在增值空间使其成为农民的重要资产。农民担心动迁后无法获得公平补偿，因而对宅基地动迁持保留态度。

因此，第一，应完善市民化配套政策，降低农民城镇化风险。为增强农民市民化的意愿，政府应完善市民化配套政策，降低农民城镇化风险。要建立完善多层次的社会保障体系，将失地农民纳入城镇社保范围；提供就业培训和创业支持，帮助农民提升职业技能和就业竞争力；设立专项基金，为失地农民提供过渡期生活补贴。第二，探索农村土地制度改革，保障农民财产权益。为消除农民对土地权益的担忧，政府应深化农村土地制度改革，具体措施包括：推进宅基地使用权确权登记，赋予农民更多的财产处置权；探索宅基地有偿退出机制，允许农民通过出租、入股等方式盘活宅基地资源；建立公平的土地征收补偿机制，确保农民在土地增值收益中分享更多红利。第三，推动城乡公共服务均等化，增强农民市民化意愿。为推动农民向市民身份转变，政府应加快城乡公共服务均等化进程。要继续加大财政投入，提升农村地区的教育、医疗和基础设施水平；推行居住证制度，逐步实现农民工与城镇居民享有同等的基本公共服务；加强社区建设，帮助农民融入城市生活。只有通过制度创新和政策优化，才能实现城镇化与农民利益的协调发展，推动城乡融合高质量发展。

4.2 18~60岁城郊农民就地城镇化状态及个体特征分析

4.2.1 18~60岁城郊农民就地城镇化状态

(1) 城郊农民失地前后的生计变化

通过对调查选取的18岁以上、60岁以下的失地农民（共446人）失地前后的生计变化进行考察，本书得到：得益于兴城作为海滨城市的地利，泳装加工、家庭宾馆、农家院、房屋出租等就业渠道给两村居民的生产、生活带来了持久的生机和活力，B村家庭宾馆业发展兴盛，全村1/4以上农户从事家庭宾馆业。A村居民主要从事围绕生活服务业的临街店铺经营及渔业的相关服务业（如冷冻仓储、涉渔零工），也有部分农民从事泳装加工及家庭宾馆、房屋出租等。

按一般对农民职业划分的认知，本书对失地农民的就业类别层级划分如下：无业→农作物种植业→零工→雇工→个体经营（将果树种植、渔业、养殖包括在内）→私营企业。按此划分，被访失地农民就业层级下降、没变、上升的占比分别为10.76%、56.05%、33.18%；被访失地农民收入水平下降、没变、上升的占比为17.04%、26.01%、56.95%；综合考虑就业和收入状况，失地农民生计维持及改善的比例占到82.96%。

(2) 城郊失地农民对"农民"与"市民"的认知及自身的身份认识

调研发现,在就地城镇化模式下城郊失地农民认为"当市民好"的比例高于"当农民好"的比例,表明受我国经济、社会发展二元结构的长期影响,"城市比农村更文明、工业比农业更发达、市民比农民更幸福"的思想认识依然在相当部分的城郊失地农民中存在;同时有36.86%的失地农民没有明确"当农民好"还是"当市民好",在相当程度上反映了我国城乡差别鸿沟正逐渐消弭。

在认为"当农民好"的原因中,"邻里交往方便"选项选中的最多(43.65%),表明在就地城镇化的过程中,原村的自然、自由、和谐的生产、生活环境是失地农民最看重的;在认为"当市民好"的原因中,城市生活的方便、现代、有保障等的每一种考虑都在体现着"城市比农村更优越"的城乡差异。

在自身的身份认知上,已有7.41%的农民认为自己已是城里人;另有7.26%的人对自己身份认知处于模糊状态,表明这部分人也已认为自己不再是纯粹的农村人身份了。

(3) 城郊失地农民失地前后的主观幸福感变化

在城乡融合发展的就地城镇化过程中,两村有85.03%的失地农民没有主观幸福感变差。统计发现城郊失地农民失地前后的主观幸福感变化与失地时间长短高度相关。这在很大程度上是因为两村历次征地安置均以货币补偿为主,失地时间距离调研时间3年以内、3~5年、5~10年、10~20年的平均补偿标准分别为9.29万元、7.15万元、4.60万元和4.20万元，失地时间越短，享受的补偿标准越高。

另外，调研发现A村居民失地后的生活状况和幸福感要好于B村。由于A村较早发展村办企业并与时俱进，原村办企业现已发展为A村企业集团股份有限公司，且全体村民入股分红，并积极改善村基础设施建设。该村更是于2019年入选中国美丽乡村百佳范例村庄。

（4）城郊失地农民的城镇化意愿

①城乡户口意愿。调查显示，就地城镇化失地农民认为"农村户口好"的比例高于认为"城市户口好"的比例，不愿意放弃农村户口的比例高于愿意放弃农村户口的比例。认为"农村户口好"的原因中主导性的因素是国家的农村合作医疗和农村养老保障政策，其次是对农村生活的偏好；认为"城市户口好"的原因是城市居民所享有的教育、养老、医疗、就业等方面的优越条件和机会。

②宅基地动迁的意愿。宅基地动迁是失地农民传统城镇化过程的标志之一，在本次对两个实践就地城镇化的失地城郊村的访谈中，发现"不希望"宅基地动迁的比例是最高的。从失地农民宅基地动迁意愿背后的考量因素看，在"希望"宅基地动迁的因素中占比最高是"有补偿"的考虑，其次被较多选择的要素是动迁后的城市生活比农村优越；在"不希望"宅基地动迁的考虑要素中，占比最高的是有近1/4的被访者是倾向考虑"住习惯了/乡土情结"。

4.2.2　18~60岁城郊失地农民城镇化状态的个体特征分析

前文统计分析了就地城镇化状态下城郊失地农民的生计状况、身份认知、主观幸福感变化及对城乡户口及宅基地动迁的意愿，那么什么样的失地农民能够在失地后维持甚至改善生计状态抑或生计变差？哪些失地农民更倾向认为自己是"城里人"？哪些主观幸福感更强或幸福感变差？哪些失地农民更愿意放弃农村户口？什么特征的失地农民更（不）希望宅基地动迁呢？

笔者结合调研数据，应用 Logistic 回归模型（报告发生比）对四个关系就地城镇化模式下城郊失地农民城镇化状态的变量进行了影响因素分析。借鉴前人研究并结合城郊失地农民就地城镇化的实际，影响因素的选取主要从人口学特征（性别、年龄、婚姻状况）、人力资本状况（健康状况、文化程度、是否有一技之长）、生计状况（生计变化、创业状态）、家庭经济因素（家庭经济条件、已买楼、征地补偿满意度）、乡土/城市情结（是否所有耕地被征用、是否关心村中大事、是否愿意与"城里人"打交道、失地时间、村别）等几个方面进行考察，回归过程中影响因素依照对四个不同因变量影响的适当性进行取舍。变量描述见表4-14，回归结果如表4-15~表4-17所示，并总结分析城郊失地农民城镇化状态的个体特征如下。

表4-14 变量定义及描述性统计

变量			定义与赋值	样本数量	均值	标准差
因变量		生计稳定及改善	就业层级稳定/上升+收入水平稳定/上升=1；其他=0	446	0.830	0.376
		认为自己是否为"城里人"	认为自己是"城里人"/说不清=1；认为自己是农村人=0	661	0.147	0.354
		感觉更幸福或说不清	感觉更幸福/说不清=1；感觉变得不幸福=0	668	0.850	0.357
		是否愿意放弃农村户口	愿意放弃农村户口/无所谓=1；不愿意放弃农村户口=0	453	0.698	0.460
		是否愿意宅基地动迁	愿意宅基地动迁/无所谓=1；不愿意宅基地动迁=0	470	0.604	0.490
控制变量/检验变量	人口学特征	性别	男=1；女=0	670	0.488	0.500
		年龄	50岁以下=1；50岁以上=0	670	0.349	0.477
		婚姻状况	已婚=1；未婚/离异/丧偶=0	670	0.927	0.261
	人力资本状况	健康状况	健康=1；一般/较差/残疾=0	670	0.810	0.392
		文化程度	高中以上=1；高中以下=0	670	0.096	0.294
		是否有一技之长	有一技之长=1；无一技之长=0	446	0.224	0.418
	生计状况	生计维持及改善	生计变好/没变=1；生计调整状态/变差=0	446	0.814	0.390
		是否为失地前后保持创业	失地前后保持从事个体经营=1；其他就业状态=0	446	0.143	0.351
		已创业	目前从事个体经营=1；其他=0	446	0.253	0.435

续表

变量		定义与赋值	样本数量	均值	标准差
控制变量/检验变量	家庭经济因素				
	家庭经济条件	好/比较好=1；一般/不好/需救济=0	667	0.189	0.392
	已买楼	已买楼=1；未买楼=0	666	0.225	0.418
	征地补偿满意度	非常满意/比较满意=1；一般/不满意/非常不满意=0	656	0.354	0.478
	乡土/城市情结				
	是否所有耕地都被征用	耕地全部被征用=1；耕地部分被征用=0	670	0.578	0.494
	是否关心村中大事	积极关心村中大事=1；一般/不太关心村中大事=0	670	0.131	0.338
	是否愿意与"城里人"打交道	愿意与"城里人"打交道=1；不愿意与"城里人"打交道=0	657	0.740	0.439
	失地时间	10年以上=1；3年以内/3~5年/5~10年=0	423	0.511	0.500
	村别	A村=1；B村=0	670	0.557	0.497

(1) 生计状态个体特征分析

①生计变差（就业、收入双下降）个体特征：没有"一技之长"者、女性、失地时间较短者。如表4-15显示的，男性出现生计变差的概率是女性的53.6%；"有一技之长"者生计变差的概率只是无一技之长的23.3%（及20.2%）；失

地时间在 5 年以下的生计变差的概率是 5 年以上的 3.879 倍。

表 4-15　失地农民生计状态影响因素的 Logistic 回归（1）

因变量	生计变差 （就业、收入双下降）	模型 1 发生比	模型 2 发生比
控制变量	A 村	0.791	0.389 (0.127)
检验变量	男性	0.536*	0.584 (0.158)
	身体健康	1.102	0.710
	高中以上	1.412	1.459
	有一技之长	0.233**	0.202**
	家庭经济条件处于较好以上	0.698	0.531
	失地安置满意	0.718	0.904
	失地时间在 5 年以内		3.879**
	样本数	431	264
	模型显著性（Prob > chi2）	0.013	0.019

注：*、** 分别表示变量或模型在 10%、5% 的水平上显著；表中数字取小数点后三位。

②生计保持者个体特征：身体健康者、有"一技之长"者、征地补偿满意者。如表 4-16 显示，身体健康者生计保持的概率是其他身体状态的 2.477 倍；"有一技之长"者生计保持的概率是无一技之长者的 1.590 倍；征地补偿满意者生计保持的概率是其他满意程度的 1.676 倍。

表 4-16 失地农民生计状态影响因素的 Logistic 回归（2）

因变量	生计保持	发生比
控制变量	A 村	0.886
检验变量	男性	1.045
	身体健康	2.477**
	高中以上	0.862
	有一技之长	1.590*
	家庭经济条件处于较好以上	0.753
	失地安置满意	1.676*
样本数		431
模型显著性（Prob > chi2）		0.081

注：*、** 分别表示变量或模型在 10%、5% 的水平上显著；表中数字取小数点后三位。

③生计改善者个体特征：身体健康者、家庭经济条件较好者、失地时间较长者。如表 4-17 模型 1 显示的，身体健康者生计改善的概率是其他身体状态的 3.103 倍；家庭经济条件较好者生计改善的概率是其他家庭经济条件（"一般""较差""需救济"）的 1.955 倍；失地时间在 5 年以上者生计改善的概率是 5 年以下的 1.964 倍。表 4-17 模型 2 显示，在生计改善状况为就业、收入双改善状况时，身体健康因素、家庭经济条件因素的影响程度和显著性水平出现了下降；而失地时间因素对生计双改善的影响程度和显著性水平有了显著的提高。

值得注意的是"有一技之长"因素对生计改善的影响为正但没有达到设定的最低 10% 的显著性水平，但其对生计双改善的影响为负,与前面的分析相一致,即有"一技之长"者往往不是生计双改善者(而是生计保持者)。

表4-17 失地农民生计状态影响因素的 Logistic 回归(3)

因变量	生计改善	模型1：就业与收入双上升/一方面稳定+另一方面上升	模型2：就业与收入双上升
		发生比	发生比
控制变量	A村	1.119	1.409
	男性	1.183	0.838
	身体健康	3.103**	1.639
	高中以上	1.019	0.768
检验变量	有一技之长	1.661 (0.147)	0.535 (0.113)
	家庭经济条件处于较好以上	1.955*	1.158
	失地安置满意	0.865	0.897
	喜欢与城里人打交道	1.446	1.240
	失地时间在5年以上	1.964*	3.027**
	样本数	261	261
	模型显著性（Prob > chi2）	0.022	0.143

注：*、** 分别表示变量或模型在10%、5%的水平上显著；表中数字取小数点后三位。

（2）身份认知状态个体特征分析

50岁以下者、已买楼者、家庭经济条件较好者、失地时间在10年以上者更倾向认为自己是"城里人"。

在调研的670位失地农民中,初中及以下文化程度占90.45%,且年龄与文化程度高度相关,因此在身份认知状态分析中只选取了年龄变量。与已有研究发现相一致：50岁以下的青壮年更倾向认为自己已经是"城里人"，在表4-18的模型1的回归中，50岁以下者认为自己是"城里人"/"说不清"的概率是50岁以上者的1.778倍；模型4-18显示家庭经济条件较好以上者认为自己是"城里人"及"说不清"的概率是其他家庭经济条件的3.141倍（由于"已买楼"与家庭经济条件变量高度相关，因此模型2与模型3中没再加入该变量）；失地时间在10年以上的失地农民更倾向认为自己已经是"城里人"，是10年以下的4.117倍。

表4-18　失地农民身份认知状态影响因素的Logistic回归

因变量	认为自己是"城里人"/"说不清"	模型1 发生比	模型2 发生比	模型3 发生比
控制变量	A村	0.856	0.878	1.407
	男性	0.88	0.928	0.951
	身体健康	1.726	1.682	2.255
检验变量	50岁以下	1.778**	1.745*	1.420
	家庭经济条件处于较好以上		1.677 (0.109)	3.141***
	已买楼	1.665*		
	失地安置满意度		1.039	0.529
	生计双改善	1.544 (0.137)	1.520	0.982
	喜欢与城里人打交道	1.170	1.108	1.645
	失地时间在10年以上			4.117***
样本数		435	423	255
模型显著性（Prob > chi2）		0.027	0.031	0.002

(3) 主观幸福感个体特征分析

由表 4-19 的 4 个模型可知，A 村失地农民、女性、身体健康者、有一技之长者、失地补偿满意者更易感到幸福；男性、身体健康状况不好者、失地补偿满意度差者更易感到幸福感变差。生计状况对主观幸福感影响有限。

表 4-19　失地农民主观幸福感影响因素的 Logistic 回归

因变量		感到更幸福		幸福感变差	
		模型 1	模型 2	模型 3	模型 4
		发生比	发生比	发生比	发生比
控制变量	50 岁以下	1.049	1.083	1.014	1.002
	A 村	1.586**	1.611**	1.006	0.998
	男性	0.659**	0.621**	1.656**	1.677**
	身体健康	2.076**	1.993**	0.546**	0.554**
检验变量	有一技之长		1.729**		0.819
	家庭经济条件处于较好以上	1.108	1.037	1.089	1.115
	失地安置满意度	2.208***	2.105***	0.465***	0.472***
	生计改善	1.089			
	生计双变差			1.1	
	认为自己是"城里人"/"说不清"	1.46 (0.180)	1.435	0.764	0.769
	样本数	426	426	426	426
模型显著性（Prob > chi2）		0	0	0.004	0.032

注：**、*** 分别表示变量或模型在 5%、1% 的水平上显著；表中数字取小数点后三位。

比照 B 村，A 村失地农民在"感到更幸福"比"幸福感变差"状态时影响程度及显著性更强;有一技之长因素对"感到更幸福"状态比"幸福感变差"状态影响程度及显著性更强;认为自己是"城里人"/"说不清"者也显示出更易感到更幸福,只是显著性比设定的最低10%的影响性水平稍高。

(4) 城镇化意愿个体特征分析

①关心村中大事者、失地时间在10年以上者更不愿意放弃农村户口(见表4-20)。"关心村中大事"与失地时间在10年以上者更倾向认为自己已经是"城里人",更不愿意放弃农村户口,更喜欢目前的拥有农村户口的"城里人"的状态;关心村中大事者对村中事务及村未来发展方向及政策有更多的了解、体会及利益比较,因此更多表现出不愿放弃农村户口。

表4-20 失地农民城镇化意愿影响因素的Logistic回归(1)

因变量	愿意放弃农村户口	模型1 发生比	模型2 发生比
控制变量	A村	0.701 (0.167)	0.739
	男性	1.083	1.093
	50岁以下	0.822	0.843
	身体健康	0.851	0.838
检验变量	关心村中大事		0.379 ***
	失地时间在10年以上	0.450 ***	0.465 ***
	样本数	394	394
	模型显著性(Prob > chi2)	0.021	0.014

②已婚者、失地全部土地者、征地补偿满意者、愿与城里人打交道者更倾向于愿意宅基地动迁；关心村中大事的失地农民倾向不愿意宅基地动迁（见表4-21）。另外，失地前后保持稳定创业状态者更倾向愿意宅基地动迁，只是显著性比设定的最低10%的影响性水稍高。

表4-21 失地农民城镇化意愿影响因素的 Logistic 回归（2）

因变量	愿意宅基地动迁/无所谓	模型1	模型2	模型3
		发生比	发生比	发生比
控制变量	A 村	1.220	1.227	1.200
	男性	0.907	1.029	1.014
	已婚	1.470	5.506**	5.356**
	50岁以下	1.096	1.050	1.045
	身体健康	0.729	1.002	1.007
检验变量	征地补偿满意	2.945***	2.492**	2.417**
	已创业		1.094	
	失地前后保持创业			1.653 (0.167)
	失去全部耕地	2.071***	2.211**	2.178**
	关心村中大事	0.354***	0.415*	0.421*
	愿意与城里人打交道	1.817***	1.683*	1.727*
	样本数	448	283	283
	模型显著性（Prob>chi2）	0.000	0.010	0.005

注：*、**、*** 分别表示变量或模型在10%、5%、1%的水平上显著；表中数字取小数点后三位。

已婚者较其他婚姻状态者可能更希望宅基地动迁后全家"上楼"；失去全部土地者，没有了土地的牵挂，更愿意宅基地动迁；愿与城里人打交道者更倾向愿意宅基地动迁，有更强的城镇化意愿；失地前后保持稳定创业状态者，失地并未对他们的生产、生活造成太大影响，他们对动迁上楼后生产、生活变化的应对能力、适应能力更强，因此可能更倾向愿意宅基地动迁。

与对放弃农村户口的意愿一致，关心村中大事者也更倾向不愿意宅基地动迁。

4.3 本章小结

本章应用辽宁兴城两个"保留乡村风貌"的践行就地城镇化模式的失地城郊村的问卷访谈数据，从失地前后的生计变化、市民身份认知、主观幸福感变化、城镇化意愿（户口退出意愿、宅基地退出意愿）四个方面考察了城郊失地农民的就地城镇化状态，并从个体特征视角分别研究影响失地农民城镇化状态的因素。主要得出以下几个结论。

第一，城郊失地农民在主动的、渐进的就地城镇化过程中，一方面，能够在原村享受着国家城乡融合发展的惠农政策；另一方面，又在逐步享受到与城市居民同等的市民福利，这种"当得上市民，保得住乡愁"的城郊就地城镇化实践是优于传统的"集中上楼"的城镇化模式的，是实践城乡融合发展的新型城镇化和振兴城郊融合类村庄的新模式，保证和促进了城郊失地农民的可持续生计，让城郊农民主观幸福感良好。

第二，从城镇化状态的影响因素看：（1）50岁以下的青壮年更倾向认为自己是"城里人"；女性生计状况易变差且更易感到幸福；男性更易感到幸福感变差；已婚者更倾向于愿意宅基地动迁。（2）从人力资本的影响看，身体健康者更倾向于得到生计保持及改善状态、更易感到幸福；身体健康状况不好者更易感到幸福感变差；有"一技之长"更易处于生计保持状态、更易感到幸福，没有"一技之长"更易生计变差。（3）生计状况对主观幸福感影响有限；失地前后保持稳定创业状态者更倾向于愿意宅基地动迁。（4）从经济条件的影响看，家庭经济条件较好者更易得到生计改善、更倾向于认为自己是"城里人"；买楼者更倾向于认为自己是"城里人"；失地补偿满意者更易感到幸福，更愿意宅基地动迁；失地补偿满意度差者更易感到幸福感变差。（5）从乡土/城市情结看，失去全部土地者更愿意宅基地动迁；愿与城里人打交道者更愿意宅基地动迁。（6）失地时间较短者生计易变差；失地时间较长者倾向处于生计改善状态，倾向认为自己是"城里人"，更不愿意放弃农村户口。（7）村级福利好的（A村失地农民）更易感到幸福。

第 5 章 城郊农民的可持续生计
——创业及影响因素分析

在乡村振兴过程中，更充分、更高质量的就业是让农民群众在新时代有更多实实在在的获得感、幸福感、安全感的前提和保障。党的十九大报告强调，就业是最大的民生。城郊失地农民的就业问题，无论从作为农业转移人口的就地就近城镇化的新型城镇化视角，还是从乡村振兴战略中城郊融合类村庄发展的视角，同样具有民生要义。因此，应在现有的补偿和保障措施之外，建立失地农民内在、自发的保障生存的动力机制，以创业促进就业，促进失地农民由生存到发展的转变（郑风田和孙谨，2006）。目前有关城郊农民创业的研究还不丰富，与对农户创业、返乡农民工创业研究类似，现有研究多从城郊失地农民的创业动机、人力资本、社会资本、家庭背景、金融资本、金融知识、政策环境、创业信息、创业氛围等考察对创业者创业意愿、创业行为或创业绩效的影响。少有针对失地农民就地城镇化（即保留乡村风貌的城镇化）过程中的创业状态的分析，有关失地农民创业影响因素的研究需要进一步丰富和深化。

本章应用来自两个保留乡村风貌的城郊村的入户调研数据，重点考察就地城镇化状态下城郊农民对未来生活的预期、补偿满意度及就地城镇化意愿对失地农民创业意愿及创业行为的影响，以期为在城乡融合及乡村振兴背景下有效引导城郊农民创业提供理论依据及实证参考。

5.1 就地城镇化状态下城郊农民创业概况

本书所提出的保留乡村风貌的、城郊失地农民的就地城镇化模式是区别于"集中上楼"的安置模式，其特征可以概括为：不改变户籍及住所，依托附属城市，在原城郊农村社区的基础上，在尊重城郊失地农民原有生产方式和生活方式的基础上，促进城乡融合发展，注重渐进实现其"人的城镇化"的安排或实践。本章进入创业分析的样本是年龄在60岁以下的失地农民，共446位。

本次调研的是沿海旅游城市兴城的两个相邻的城郊村，得益于辽宁兴城作为海滨城市的地利，A村由于较早发展村办企业并与时俱进，原村办企业现已发展为A村企业集团股份有限公司，全体村民入股分红，并积极改善村基础设施建设，居民幸福度较高；A村居民主要从事围绕本村生活服务业的临街店铺经营、渔业、冷冻仓储等，也有小部分农民从事泳装加工及家庭宾馆、房屋出租等。B村1/3以上农户从事家庭宾馆经营和泳装加工,已形成产业聚集态势。两村农民创业状态数据如表 5-1 所示。

表 5-1　　两城郊村农民不同创业状态人数及比例

项目	处于不同创业状态人数/ 60 岁以下样本人数	百分比(%)
有创业意愿	21/466	4.709
失地后创业	49/466	10.987
失地前后保持创业	64/466	14.35
合计	134/466	30.045

5.2　城郊农民创业的影响因素

5.2.1　变量选取

借鉴前人的研究并结合本次调研样本的特点,本章拟从人口学特征、人力资本、社会资本、家庭经济状况及城镇化意愿几个方面来分析保留乡村风貌的失地城郊村居民创业的影响因素。因变量为城郊失地农民的创业状态:有创业意愿、失地后创业、失地前后保持创业及其他四类,具体变量定义及描述性统计如表 5-2 所示。

表 5-2　　　　　　　　　　变量定义及描述性统计

变量	变量名称	变量定义	变量赋值	样本数量	均值	标准差
因变量	创业状态	创业意愿与创业行为	有创业意愿=1；失地后创业=2；失地前后保持创业=3；其他=0	446	0.697	1.138
解释变量	人口学特征	性别	男性=1；女性=0	455	0.503	0.501
		婚姻状况	已婚=1；其他=0	455	0.949	0.219
		健康状况	健康=1；其他=0	455	0.851	0.357
	人力资本	文化程度	高中/大专及以上=1；小学及以下/初中=0	455	0.121	0.326
		是否有一技之长	有一技之长=1；无一技之长=0	446	0.224	0.418
		认为未来生活会怎样	认为未来生活会更好=1；不会发生变化/会变差=0	450	0.591	0.492
	社会资本	朋友数量	朋友数量多=1；一般/很少=0	452	0.197	0.398
	家庭经济状况	家庭在村中的经济条件	很好/较好=1；一般/较差/需救济=0	452	0.197	0.398
		征地补偿满意度	相当满意/比较满意=1；一般/不满意/相当不满意=0	443	0.323	0.468
	城镇化意愿		"当农民好"=1；"当市民好"/"说不清"=0	448	0.248	0.432
控制变量	村别		B村=1；A村=0	455	0.442	0.497

(1) 隐性人力资本

除了考察常规的健康、教育程度、技术状况等因素外，还加入了"认为未来生活会怎样"变量。目前众多学者大体上认为隐性人力资本是潜在的、内隐的资本，以工作诀窍、经验、价值体系、认知特征、社会网络资本、情感资本为表现形式，具有不易观测、不易模仿的特点，是竞争优势的来源（赵士军和葛玉辉，2011）。

因此本章提出研究假设 H1：

"认为未来生活会更好"的城郊农民会在其创业的过程中保持乐观心态和进取心，增加创业的成功概率和稳定性。

(2) 补偿满意度

家庭为个人创业提供原始资金，帮助他们解除资金束缚（马继迁和郑宇清，2016），也有研究发现拆迁收入变量对城郊失地农民再就业具有明显的抑制作用，经济条件较好降低了他们参与劳动力市场的意愿（李琴等，2009）。与发达地区安置小区补偿不同，本次调研的是欠发达地区的县域城郊村，两村历次征地安置均以货币补偿为主，补偿数额越多，农民满意度越高。"补偿满意度"无论对于城郊农民失地前已创业的创业稳定性，还是为失地后创业都提供了必要的金融资本支撑，失地补偿满意度是保证其实现的必要条件。

因此除了家庭经济条件在村中的水平外，本章提出研究假设 H2：

"补偿满意度"越高,有创业意愿或发生创业行为的可能性越大。

(3) 城镇化意愿

本次调研发现,从处于就地城镇化实践中的两城郊村居民对于"当农民好"还是"当市民好"的看法来看,表示"说不清/都好"及"无所谓"的占比最多,而且"当市民好"的比例多于"当农民好"比例,但仍然有24.78%的城郊农民认为"当农民好"。这表明国家提出的新型城乡关系已经在城郊农村得到践行,城乡福利差异正在消弭;但城乡居民的福利差异依然存在,城郊居民依然对更方便、现代、有保障的城市生活充满向往。

从访谈中的"当农民好"的各原因可以看出,在就地城镇化的过程中,原城郊村的自然、自由、和谐、低消耗的生产、生活环境是失地农民最看重的;"农村户口好"原因的选择项最多的是"国家政策好"及"喜欢/习惯农村生活";也表明他们是意志坚定的就地城镇化群体。本章认为,城郊农民"当农民好"意味着若能一方面在原村"安居乐业",留住"乡愁",另一方面,又能逐步享受到与城市居民同等的市民福利,是较"当市民"更幸福的事,因此在保留乡村风貌的原村就地城镇化的模式下,可能更倾向在熟悉和未来可期的环境和心态下自己当老板。

由此,提出研究假设 H3:

认为"当农民好"的城郊农民更倾向创业。

5.2.2 回归分析

(1) 模型选择

因本章的因变量——创业状态变量(有创业意愿、保持创业、失地后创业和其他就业形式)为多个类别且类别并无顺序,因此采用 Mlogit 回归进行分析,以创业状态中的"其他"类型为比较的基准类别,回归结果以报告发生比(relative reporting ratio, RRR)的形式给出。在 Mlogit 模型中,因变量设为 j 种互斥选择,假设第 i 个人通过选择第 j 种行为所能带来的随机效用为:

$$U_{ij} = x_i\beta_j + \varepsilon_{ij}(i=1,\cdots,n;j=1,\cdots,J) \quad (5-1)$$

Mlogit 模型的概率密度函数为:

$$q = (y_i = j \mid x_i) = \begin{cases} \dfrac{\exp(x_i\beta_j)}{1 + \sum_{k=2}^{J}\exp(x_i\beta_k)} & (j=2,\cdots,J) \\ \dfrac{1}{1 + \sum_{k=2}^{J}\exp(x_i\beta_k)} & \end{cases}$$

$$(5-2)$$

表 5-3 中的模型 1~模型 5 是逐次加入各类解释变量的回归结果,目的是考察解释变量对因变量影响的稳健性,具体回归结果如表 5-3 所示。

第5章 城郊农民的可持续生计

表5-3 城郊失地农民创业影响因素的 Mlogit 回归（报告发生比）

被解释变量	有创业意愿/其他		模型1	模型2	模型3	模型4	模型5
解释变量	人口学特征	男性	0.953	0.678	0.603	0.615	0.618
		已婚	0.241 **	0.576	0.498	0.508	0.54
	人力资本	身体健康		1.747	1.899	1.872	1.793
		高中以上文化程度		5.024 ***	5.802 ***	5.824 ***	5.900 ***
		有一技之长		1.485	1.672	1.661	1.635
		未来生活会变好		2.049	2.257	2.179	2.257
	家庭经济状况	征地补偿满意			0.572	0.567	0.541
		家庭经济条件在村中的水平好			0.611	0.613	0.624
	社会资本	朋友多				1.278	1.301
	城镇化意愿	"当农民好"					0.6
控制变量	村别	B村	1.724	2.108	1.702	1.707	1.671
被解释变量	失地后创业/其他		模型1	模型2	模型3	模型4	模型5
解释变量	人口学特征	男性	0.976	0.969	1.018	1.084	1.068
		已婚	0.743	0.674	0.567	0.613	0.54
	人力资本	身体健康		0.653	0.696	0.672	0.681
		高中以上文化程度	0.8	0.558	0.592	0.632	

续表

被解释变量	失地后创业/其他		模型1	模型2	模型3	模型4	模型5
解释变量	人力资本	有一技之长		1.126	0.923	0.915	0.945
		未来生活会变好		1.151	0.97	0.878	0.945
	家庭经济状况	征地补偿满意			2.163**	2.091*	2.098*
		家庭经济条件在村中的水平好			2.234**	2.199**	2.229**
	社会资本	朋友多				2.037*	2.120*
	城镇化意愿	"当农民好"					2.033**
控制变量	村别	B村	1.672*	1.787*	2.580**	2.586**	2.465**

被解释变量	失地前后保持创业/其他		模型1	模型2	模型3	模型4	模型5
解释变量	人口学特征	男性	1.004	1.047	1.068	1.133	1.107
		已婚	1.523	1.649	1.33	1.399	1.334
	人力资本	身体健康		1.2577	1.2754	1.2562	1.2439
		高中以上文化程度		0.952	0.643	0.658	0.707
		有一技之长		1.245	1.036	1.033	1.027
		未来生活会变好		2.170**	1.810*	1.690*	1.772*
	家庭经济状况	征地补偿满意			1.768*	1.713*	1.744*
		在村中家庭经济条件好			2.076**	2.074**	2.172**

续表

被解释变量	失地前后保持创业/其他	模型1	模型2	模型3	模型4	模型5
解释变量	社会资本 朋友多				1.669*	1.765*
	城镇化意愿 "当农民好"					1.644*
控制变量	村别 B村	1.201	1.425	1.874*	1.882*	1.815*
	样本个数	450	441	428	427	422
	Prob > chi2	0.544	0.228	0.044	0.039	0.018

注释：*、**、*** 分别表示变量或模型在10%、5%、1%的水平上显著；表中数字取小数点后三位。

（2）回归结果及分析

①未婚者显示出更高的创业意愿概率；高中以上文化程度者有创业意愿的概率是较低文化程度的5倍以上，但其对"失地后创业"和"失地前后保持创业"的影响为负且不显著；社会资本变量"朋友数量多"显著正向影响"失地后创业"和"失地前后保持创业"，对"有创业意愿"的影响为正但不显著。

②认为"未来生活会变好"者"失地前后保持创业"的概率更高；"征地补偿满意度"与"家庭经济条件在村中的水平"变量一样，对"失地后创业"和"失地前后保持创业"均有正向显著影响，但对"有创业意愿"的影响为负且不显著。

③城镇化意愿显著正向影响城郊失地农民的"失地后创业"和"失地前后保持创业"行为，且对"失地后创业"的

影响程度和显著性更强,对创业意愿影响不显著。认为"当农民好"的城郊失地农民更倾向"失地后创业"和"失地前后保持创业",且对"失地后创业"的影响程度和显著性更强。如随着控制变量的加入,认为"当农民好"的城郊失地农民失地后创业的概率是认为"当城里人好"和"说不清/都好"农民的2倍以上(见表5-3)。统计发现具有更多"乡愁"情结的、认为"当农民好"的"失地后创业"的21位创业者失地后收入水平提高的占到91.84%,而在49位"失地前后保持创业"的创业者失地后收入水平提高的比例是54.69%。熟悉的乡村氛围和对"农村人"和"城里人"必将福利均等的判断激发了城郊农民失地后的创业热情,创业绩效优于"失地前后保持创业"的创业者。

④从控制变量村别来看,B村比照A村在创业意愿及"失地后创业"和"失地前后保持创业"行为的发生概率都要高,如加入所有解释变量,B村"失地后创业"行为的发生概率是A村的2.465倍(见表4-3)。B村泳装加工、家庭宾馆业等创业项目与兴城市的城市旅游业及泳装产业紧密融合,在一定程度上表明城郊村的城乡产业融合状况对城郊居民创业有正向影响。

5.3　本章小结

补偿的满意度能够提高城郊农民的创业概率。根据行为经济学理论，农民对补偿的满意度直接影响其风险偏好和创业决策。当农民对征地补偿感到满意时，其心理安全感和经济保障感增强，从而更倾向于将补偿资金用于创业活动，而非保守储蓄。例如，成都市耕地保护基金的研究表明，稳定的政策预期和合理的补偿标准能够显著提高农民的满意度，进而激发其创业意愿（余亮亮和蔡银莺，2015）。此外，补偿的公平性和透明度也至关重要，农民对补偿的信任度越高，其创业意愿越强。

国家及城市政府应改变城郊土地"取之于乡，用之于城"的倾向，积极践行农村集体经营性建设用地市场化、征地补偿按区片综合地价进行补偿等的农村土地要素市场化的改革，提高城郊农民的财产权益，提升城郊农民的创业机会。2025年中央一号文件《中共中央 国务院关于进一步深化农村改革 扎实推进乡村全面振兴的意见》明确提出，要深化农村土地制度改革，确保征地补偿的公平性和透明度。具体措施包括：建立动态调整的补偿标准，确保补偿金额与土地市场价值挂钩；探索多元化的补偿形式，如股权补偿、就业安置等，为农民创业提供启动资金；加强补偿资金使用的监管，确保资金用于创业活动而非短期消费。

城郊农民在就地城镇化过程中对城乡融合发展的美好预期（认为"未来生活会变好"）有利于"失地前后保持创业"；在就地城镇化过程中"当农民好"的这种"当得上市民，保得住乡愁"的感受与期盼有利于城郊农民创业。

城郊农民对城乡融合发展的美好预期（如"未来生活会

变好")是促进其创业的重要因素。根据期望效用理论,农民对未来生活的积极预期会增强其创业动机。这种预期不仅源于对城镇化带来的经济机会的认可,还体现了对"当得上市民,保得住乡愁"这一双重身份的认同。在实践"人的城镇化"及乡村振兴的新时代背景下,国家已为城市近郊城镇化发展给出了顶层设计,即在形态上保留乡村风貌,在治理上体现城市水平,为城乡融合发展提供实践经验。因此由于城市发展需要处于正在失地和即将失地的城市近郊村,应在国家城乡融合发展的政策背景下因地制宜、因时制宜地选取城镇化模式,避免"一刀切"的、传统的集中上楼模式,应尊重城郊农民的城镇化意愿,了解他们的"乡愁"依恋和对"城里人"生活的向往,继续加大城乡居民基本公共服务均等化的力度,实现城郊居民与城市居民同城、同发展,让城郊失地农民对城乡融合发展、同质发展的未来充满信心和期待。2025年中央一号文件《中共中央 国务院关于进一步深化农村改革 扎实推进乡村全面振兴的意见》提出,要健全联农带农机制,把产业增值收益更多留在农村、留给农民。因此,要加大对城乡融合发展示范区的支持力度,提升农民对未来生活的信心;要完善社会保障体系,确保农民在城镇化过程中"进可创业、退可务农",让农民在创业过程中既能享受城镇化带来的便利,又能保留乡土情怀。

城—郊产业融合是促进城郊农民创业的有利因素。促进城郊农民融入城市产业发展进行创业,将形成城—郊互利发展的氛围,是促进城郊农民创业的有力抓手和方向。

第5章 城郊农民的可持续生计

城—郊产业融合状况是促进城郊农民创业的有利因素。根据产业经济学理论，产业融合能够创造新的市场需求和就业机会，为农民创业提供广阔的空间。如推动农业与旅游、电商等产业的融合，不仅提升了农产品的附加值，还为农民创业提供了多元化的路径。城郊地区作为城乡要素交汇的重要节点，其产业融合程度直接影响农民的创业机会和成功率。因此，城市政府应充分利用城郊产业互补、融合发展的有利条件和契机，将城郊社区的产业发展及就业、创业统筹进行规划和指导；城市及城郊社区应为城郊农民创业提供全方位的服务支持，如依托现有及新建服务机构和公共服务平台，加大对创业农民的信息、技术支持和培训等。2025年中央一号文件《中共中央 国务院关于进一步深化农村改革 扎实推进乡村全面振兴的意见》提出，要提升乡村产业发展水平，推动农业与第二、第三产业的深度融合。因此，城市政府要积极培育特色产业集群，为农民创业提供技术、市场和资金支持；加强基础设施建设，提升城郊地区的产业承载能力；通过政策引导和社会资本参与，为农民创业提供全方位的支持。

第 6 章 城乡融合发展促进城郊融合类村庄就地城镇化可持续发展的机制

城郊青年是城郊社区最具活力的创业群体,考察目前城郊失地青年的创业状况,尤其是考察非集中上楼的就地城镇化模式对其创业实践的影响,对于实现城郊青年通过其创业的示范效应和乘数效应带动城郊社区居民就业及促进城郊以人为核心的新型城镇化进程都具有重要的现实意义,对于探索城郊就地城镇化可持续发展机制具有重要的理论意义。本章将通过分析城乡融合发展的政策供给对城郊青年心理状态的影响,探索促进城郊青年可持续创业,进而促进城郊就地城镇化可持续发展的机制。

6.1 理论分析与研究假设

沙配罗和斯阔尔(Shapero and Sokol, 1984)的创业事件理

第6章 城乡融合发展促进城郊融合类村庄就地城镇化可持续发展的机制

论（EET）和阿杰恩（Ajzen，1991）的计划行为理论（TPB）已经被验证（Kolvereid，1996；Tkachev and Kolvereid，1999；Krueger et al.，2000；Peterman and Kennedy，2003；Guerrero et al.，2008）。根据 EET 模型，创业意愿源于对渴求性和可行性的感知，这种效应的路径受到社会环境的影响（Wilson et al.，2007；Peterman and Kennedy，2003；Krueger et al.，2000）。TPB 模型包含的感知行为控制也强调情景感知能力对个体创业的影响，称为自我效能（Bandura，1997），相当于 EET 模型的感知可行性。一项现有的研究发现，意愿的时间稳定性是准确预测行为所必需的（Audet，2002）。而创业事件理论则强调"惯性"的创业行为受到外力的消极或积极影响（Khuong And An，2016）。因此，如果外部事件对人的影响是温和的、以人为本的、以发展为导向的，那么外部事件对个体创业意愿和创业行为就会产生持续的有利影响。目前还未发现关于失地农民保持创业和失地后创业的不同创业状态的研究；对于在原村就地城镇化过程中，城郊农民的心理状态对其创业行为的影响更值得探索。

因此，本章旨在以两失地城郊村为例，探讨原地城市化过程中城郊青年心理状态对失地农民失地后继续创业和开始创业的影响。笔者建立了一个机制框架来探讨城郊就地城镇化模式与失地农民创业和创业可持续性之间的关系，如图 6-1 所示。理论框架表明，在新型城镇化战略和城乡融合发展战略的背景下，城郊城镇化格局发生了变化。我们调查的两个城郊村庄采用了不同于"被动上楼"的原村就地城镇化模式。

在新型城郊城镇化的背景下，城市政府的政策供给也转变为以促进失地农民发展为手段的自然渐进的市民化。这些政策及城郊就地城镇化实践使其作为一个外部事件变成促进郊区失地农民创业的积极事件。其内在机制是失地农民的心理状态比传统城郊城镇化更稳定、更好，包括获得更有利的、逐步公正合理的失地补偿政策和更多旨在促进城郊一体化发展的公共服务。这激发和提高了城郊失地农民维持创业或开始创业的渴求性和可行性感知，促进了创业意向的维持和形成。在自然渐进的郊区城市化过程中，假设其他因素不变，并参考已有的研究（Audet，2002），我们可以认为，这些保持和激发的创业意图可以转化为可持续的创业行为，并产生新的创业行为，这将在后文的实证分析中得到验证。

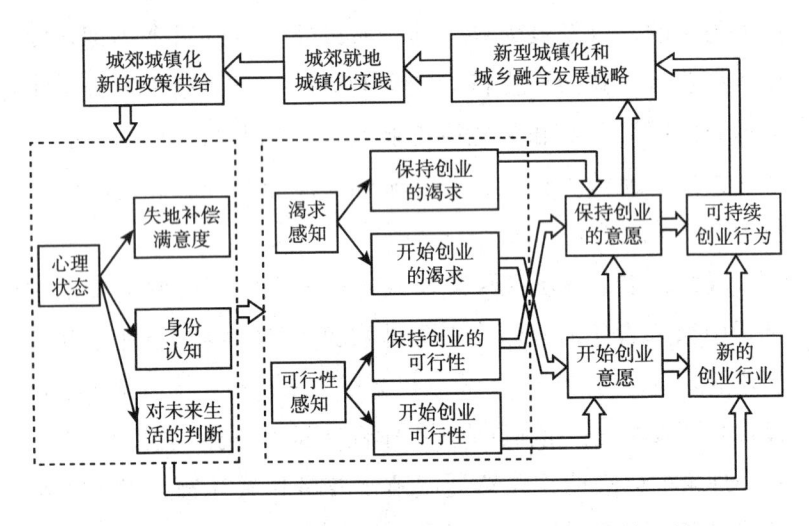

图 6-1 城郊融合类村庄就地城镇化可持续发展的机制

第6章 城乡融合发展促进城郊融合类村庄就地城镇化可持续发展的机制

6.1.1 补偿满意度与城郊青年创业

两城郊村历次征地安置均以货币补偿为主，失地时间距离调研时间3年以内、3~5年、5~10年、10~20年的平均补偿标准分别为9.29万元、7.15万元、4.6万元和4.2万元。在227位表达了补偿满意度的城郊青年中，"相当满意"和"比较满意"的比例占到33.92%；失地时间越短，满意度越高。

征地补偿资本化是解决被征地农民长期收入和生活来源的一种途径，存在个人资本化和集体资本化两种模式；征地补偿集体资本化在农村集体经济实力较强，能够发展低风险、收入稳定的投资项目的地区适用（李增刚，2013）。而对于我国欠发达地区一般县域城郊来说，由于农村集体经济不发展，因此，个人通过创业使征地补偿成为赚取收入和生活保障的资本是一种更适宜的选择。在就地城镇化模式下，无论对于失地前已创业青年农民的创业稳定性，还是为失地后创业提供必要的金融资本，失地补偿的数量及满意度是保证其实现创业的重要支撑。

6.1.2 对"当农民好"还是"当市民好"的认知与城郊青年创业

调研发现，在表达此意愿的232位城郊青年中，有43.10%

认为"说不清/都好";认为"当市民好"的比例（37.99%）高于"当农民好"的比例（18.97%）。值得关注的是，统计发现对"当农民好"还是"当市民好"的认知与创业行为呈相关性，认为"当农民好"的城郊青年创业的比例最高（36.36%），（chi2 显著性水平为 0.084），且与失地后创业的相关性更高（chi2 显著性水平达 0.026）。

进一步的统计发现，在"当农民好"的原因中，"消费低/生活压力小"选项被选中的最多（63.63%），"邻里交往方便/生活自由"选项居第二位（61.36%），第三位是"农村空气好"，占 31.82%。表明在就地城镇化的过程中，原村的轻松、自由、和谐、自然的生产、生活环境是城郊青年最看重的。因此"当农民好"意味着能够实现留住"乡愁"的"安居"（居住条件改善的占 52.36%），进而追求在熟悉的环境中"自己当老板"的"乐业"模式。

虽然相当多比例的城郊青年认为"当市民好"，认识到城市生活是比农村生活更方便、现代、有保障的生活方式，但在传统的城郊城镇化即获得城市户籍、集中"上楼"的模式下，从居住空间分异的视角看，城市与农村在生产生活方式、社会关系等方面存在的差异使得农民在由传统村落向现代城市社区转移的同时，面临着生活场景以及社会角色的剧烈变动，难以形成现代城市生活方式、行为方式和价值观念，进而难以融入城市（赵琴，2015），已在原村创业的创业者面临在新的场域重新创业，新的创业人群也可能要首先适应生产、生活环境的变化而延迟创业。

6.1.3 对未来生活的判断与城郊青年创业

卢森斯等（Luthans et al.，2004）认为，创业者的自我效能、乐观、希望及韧性等心理资本与创业倾向显著正相关。"认为未来生活会更好"的城郊青年会在其创业的过程中保持乐观心态和进取心，增加创业的成功概率和稳定性。这种对未来生活的判断离不开以人为核心的新型城镇化目标下城乡融合发展为城郊失地农民就地城镇化提供的新契机。

第一，由城郊"被边缘化"回归到城郊社区与城区的"和谐共生"。兴城是中国优秀旅游城市、中国泳装名城，近年又伴随出现北京等地城市居民来此购房养老、到郊区家庭宾馆定期居住等新的消费动向，两城郊村积极围绕城郊社区服务城市发展、承接城市功能外溢、满足城市消费需求的功能定位，发展泳装加工、家庭宾馆、农（渔）家餐馆、渔产冷冻仓储等城市旅游业及渔业的相关服务业，使城郊农民通过保持创业和失地后创业分享到了城市旅游经济发展的红利。

第二，城乡要素自由流动、平等交换进程正在加速。2019年8月《中华人民共和国土地管理法（修正案）》为完善土地征收程序、按区片综合地价进行补偿、破除农村集体经营性建设用地入市等提供了法律保障，这为促进城郊失地农民的就地城镇化提供了发展空间、激发了创业活力。

第三，在城乡融合发展的背景下，城乡居民基本公共服务均等化的实现将能够极大提升就地城镇化城郊失地农民的获得感、幸福感、安全感；让城郊失地农民对城乡融合发展、同质发展的未来充满信心和期待。

6.2 实证研究设计

6.2.1 数据来源及样本概况

为深入了解可持续生计视角下城郊失地农民的创业状况，本书特对670位被访者中的228位年龄在20~50岁①的失地农民的创业状况进行了分析。其中A村、B村问卷分别占55.26%和44.74%；男性占比为53.95%，女性占比为46.05%。在228位失地青年中，失地后无业的比例上升，达10.09%；但失地后雇工就业保持率占94.74%，创业保持率占88.89%；创业比例占到样本的24.12%，比失地前上升了52.66%。

---

① 本书调查的数据显示，32位一直从事个体经营的失地农民中有50%失地时间在10年以上；在失地后创业的23位失地农民中有73.68%失地时间在10年以上。参考我国《中长期青年发展规划（2016－2025年）》将青年年龄范围划定在14~35周岁及世界卫生组织将44岁以前确定为青年的划分，并结合失地农民创业的实际，即部分创业的失地农民虽然现在是50岁，但可能他们在10年前或更早时间，即在符合国际及中国现行青年年龄的范围内已开始创业，因此本书将失地青年创业年龄的统计范围限定在50岁以内。

6.2.2 变量设计及模型选用

结合城郊农民就业特点，将因变量设为"创业（主要从事个体经营、私营、养殖业、渔业）=1，其他就业形式（无业、农业、零工、雇工）=0"，创业状态分为保持创业和失地后创业。自变量为城乡融合发展下城郊青年的心理状态变量，包括征地补偿满意度、对"当农民好"还是"当市民好"的认知和对未来生活的判断三个变量；控制变量为村别、性别、年龄、人力资本、社会资本、失地前家庭经济条件在村中的水平。

因本部分分析的因变量——创业变量为二分类别变量，因此采用 Logistic 模型；在后续深入考察三个变量对不同创业状态的影响时，因变量创业状态变量为多个类别且并无顺序，因此采用 Mlogit 回归进行分析，以创业状态中的"其他"类型为比较的基准类别。两次回归结果均以报告发生比（RRR）的形式给出。

6.2.3 实证结果分析

（1）就地城镇化与城郊青年创业

对城乡融合发展下城郊青年的心理状态对创业的影响进行回归分析，结果如表 6-1 所示。

表 6-1　城乡融合发展下心理状态对城郊青年创业影响的 Logistic 回归结果

	变量	模型一 发生比	模型一 P值	模型二 发生比	模型二 P值	模型三 发生比	模型三 P值	模型四 发生比	模型四 P值
控制变量	村别	0.668	0.212	0.485	0.059 *	0.508	0.079 *	0.484	0.063 *
	性别	1.084	0.806	1.203	0.59	1.121	0.744	1.178	0.642
	年龄	1.201	0.777	1.123	0.879	1.117	0.887	1.199	0.818
	健康状况	1.515	0.425	1.727	0.312	1.775	0.29	1.633	0.372
	文化程度	0.454	0.138	0.326	0.064 *	0.342	0.081 *	0.346	0.088 *
	是否有一技之长	0.876	0.748	0.674	0.364	0.739	0.492	0.742	0.5
	朋友变多了	3.074	0.028 **	3.286	0.027 **	3.216	0.032 **	3.034	0.046 **
	失地前家庭在村经济条件	2.226	0.032 **	2.423	0.021 **	2.313	0.031 **	2.138	0.051 *
心理状态变量	征地补偿满意度			2.051	0.074 *	2.213	0.052 *	2.006	0.091 *
	认为"当农民好"					2.109	0.058 *	2.286	0.040 **
	认为未来生活会更好							1.927	0.088 *
	样本数	228		221		219		218	
	模型显著性	0.121		0.027 **		0.014 **		0.001 ***	

注：*、**、*** 分别表示变量或模型在 10%、5%、1% 的水平上显著；表中数字取小数点后三位。

从表 6-1 可知：第一，对征地补偿"相当满意/比较满意"的城郊青年创业的概率是"一般/不满意/相当不满意"

第6章 城乡融合发展促进城郊融合类村庄就地城镇化可持续发展的机制

的 2.051 倍，系数及回归方程显著性水平均较高；且在加入其他两个就地城镇化变量后，其系数变化幅度不大且显著性水平也较稳定。第二，认为"当农民好"的城郊青年比照认为"当市民好/说不清"者，创业概率是其 2.109 倍；加入另一就地城镇化变量后，系数及显著性水平有所提升。第三，认为"未来生活会更好"者较认为"不会发生变化/会变差"者，创业概率是其 1.927 倍。因此前文的三个研究假设都得到了验证。第四，从控制变量的影响看，"失地后朋友变多"者创业概率是"失地后朋友保持/变少"者的 3.074 倍，加入其他变量后影响稳健；失地前家庭在村中的经济条件"很好/较好"者创业概率是"一般/较差/需救济"的 2.226 倍，加入其他变量后影响稳健。

（2）"征地补偿满意度"的中介效应

值得注意的是，在回归分析过程中发现征地补偿"相当满意/比较满意"的城郊青年"认为未来生活会更好"的概率是"一般/不满意/相当不满意"者的 2.657 倍；在控制其他变量的情况下，加入"认为未来生活会更好"变量后，此变量对创业的影响显著，但征地补偿满意度变量对城郊青年创业影响的发生比下降为 2.162，且显著性水平有所降低（见表 6-2）。表明征地补偿满意度变量会通过影响城郊青年对未来生活的判断来影响其创业，对未来生活判断变量为中介变量，且体现为部分中介效应。

表6-2 征地补偿满意度对"对未来生活判断"影响的中介效应回归分析

项目	认为未来生活会更好		创业		创业	
	发生比	P值	发生比	P值	发生比	P值
征地补偿满意	2.657	0.002***	2.213	0.052*	2.162	0.059*
认为未来生活会更好					2.027	0.065*
其他变量	已控制		已控制		已控制	
样本数	226		219		218	
模型显著性	0.002***		0.014**		0.030**	

注：*、**、***分别表示变量或模型在10%、5%、1%的水平上显著；表中数字取小数点后三位。

(3) 进一步分析

为考察三个心理状态变量对城郊青年创业影响的稳健性，选用 Mlogit 模型分析补偿满意度、对"当农民好"还是"当市民好"的认知，以及对未来生活的判断对"保持创业"和"失地后创业"的影响（见表6-3）。

表6-3 心理状态对城郊青年创业影响的 Mlogit 回归结果

变量		保持创业/其他		失地后创业/其他	
		发生比	P值	发生比	P值
控制变量	村别	0.423	0.085*	0.563	0.293
	性别	1.155	0.743	1.294	0.605
	年龄	0.677	0.689	2.466	0.473
	健康状况	5.473	0.125	0.952	0.937
	文化程度	0.170	0.063*	0.632	0.550
	是否有一技之长	0.798	0.668	0.575	0.429
	朋友变多了	3.006	0.156	3.898	0.038**
	失地前家庭在村中的经济条件	3.407	0.008***	0.967	0.958

续表

变量		保持创业/其他		失地后创业/其他	
		发生比	P值	发生比	P值
心理状态	征地补偿满意度	2.018	0.178	2.273	0.150
	认为"当农民好"	1.318	0.619	4.080	0.006***
	认为未来生活会更好	3.141	0.038**	1.153	0.775
样本数		218			
模型显著性		0.008***			

注：**、***分别表示变量或模型在5%、1%的水平上显著；表中数字取小数点后三位。

研究发现：第一，补偿满意度因素对"失地后创业"的影响高于对"保持创业"的影响。第二，对"当农民好"还是"当市民好"的认知更多体现在对"失地后创业"者的影响上，其回归发生比是"保持创业"的3倍多。第三，对未来生活的判断对城郊青年创业的影响主要体现在"保持创业"人群。第四，从控制变量的影响看，"失地后朋友变多"对城郊青年"失地后创业"的影响强于对"保持创业"的影响；失地前家庭在村中的经济条件对城郊青年创业的影响基本体现在对"保持创业"者的影响上。

6.3 本章小结

以人为核心的新型城镇化及城乡融合发展进程的加速推进，为城郊就地城镇化提供了发展契机。城乡融合发展的利好政策供给对城郊青年的心理产生了积极影响,形成了对城郊青年可持续创业行为的促进机制,进而推进城郊以人为核心的就地城镇化可持续发展。

本章的实证结论有以下几个方面。

第一,征地补偿满意度因素对城郊青年"失地后创业"和"保持创业"均具有显著正向影响,且对"失地后创业"影响更强;征地补偿满意度变量还会通过影响城郊青年对未来生活的判断来影响其创业行为。这一结果表明征地补偿渐趋合理、公正,不仅是城郊土地与城市要素平等交换的实践明证,更是城郊农民通过创业使征地补偿成为赚取收入和生活保障的必要金融资本,且征地补偿满意度还会通过增加城郊农民对社区政府、城市政府及国家相关政策的支持和信赖,对就地城镇化状态下的未来生活充满信心和期待,间接为创业提供心理资本的支撑。

第二,认为"当农民好"的认知显著正向影响城郊青年"失地后创业"。这也验证了前文统计分析中对"当农民好"的原因的描述:认为"当农民好"的城郊青年更看重原村的轻松、自由、和谐、自然的生产生活环境。表明城郊就地城镇化模式适应了这部分城郊青年对创业社会环境的需求,在其他创业条件具备的条件下,他们无须面临生活场景以及社会角色的剧烈变动,能够"失地后创业",在熟悉的环境中追求"自己当老板",从而提高城郊社区创业、就业率。

第三,对未来生活的判断显著正向影响城郊青年"保持创业",验证了创业者的乐观、希望等心理资本对创业行为的

… 第6章　城乡融合发展促进城郊融合类村庄就地城镇化可持续发展的机制

影响。调研发现，还有27.21%的城郊青年明确表示认为城市户口比农村户口好，且多是出于"孩子上学""城市有更好的养老（医疗、生活）保障"的考虑。因此，在城乡融合发展、以人为核心的新型城镇化背景下，国家应继续加大城乡居民基本公共服务均等化的力度，让城郊"新市民"或"准市民"享受到平等的就业、住房、教育、养老、医疗、基础设施等方面的待遇和公共服务，让他们对城郊同城发展充满信心，进而激发创业热情。

第四，从"失地后朋友变多"对城郊青年"失地后创业"和"保持创业"的影响看，也证明了就地城镇化模式会通过生产、生活环境的平稳性、征地补偿渐趋公正合理、城乡融合发展政策的落实完善，丰富增加城郊青年的社会资本，为其创业提供良好的社会网络支持。

第7章 促进城郊融合类村庄就地城镇化的政策建议

中国式现代化是全面的现代化,且城镇和乡村的都要实现全面现代化。新型城镇化和乡村全面振兴"双轮驱动"是实现城乡融合的必要途径,也是实现中国式现代化的必然要求。城郊融合类村庄的地带特点使其成为践行新型城镇化与乡村振兴融合发展的先行区域。在实践"人的城镇化"及乡村振兴的新时代背景下,国家已为城郊融合类村庄的城镇化发展作出了顶层设计,即在形态上保留乡村风貌,在治理上体现城市水平,为城乡融合发展提供实践经验。因此,由于城市发展需要处于正在失地和即将失地的城市近郊村,应在国家城乡融合发展的政策背景下因地制宜、因时制宜地选取城镇化模式,避免"一刀切"的、传统的集中上楼模式,应统筹考虑城郊农民的生计发展、城镇化意愿及城乡融合发展的时代趋势;国家、城市政府应积极做好引导和规划,为实现城郊融合类村庄农民的美好生活需要而努力。

第7章 促进城郊融合类村庄就地城镇化的政策建议

7.1 发挥新型城镇化与乡村振兴融合发展先行区的示范作用

新型城镇化的特征是更加注重"以人为本"和提高城镇化发展质量,让"新市民"拥有更多的获得感、幸福感、安全感;乡村全面振兴就是要通过坚持城乡融合发展,千方百计推动农业增效益、农村增活力、农民增收入,为推进中国式现代化提供有力支撑。二者在理念上统一,在目标上互补,在发展过程中互动,相辅相成。一方面,以县域为重点推进的新型城镇化,通过就近稳定就业有利于农业人口的有效转移,通过城乡产业融合带动农业农村发展,为解决"三农"问题提供重要途径;另一方面,乡村全面振兴可以通过畅通城乡经济循环,为新型城镇化提供现实或潜在的要素市场和消费市场。两个发展战略的实践都需要通过完善和优化城乡共生关系,统筹城乡发展来实现。推进城乡融合发展,形成新型工农城乡关系,是推进中国式现代化的必然要求。新型工农城乡关系强调工农互促、城乡互补、协调发展、共同繁荣,旨在通过工业化、信息化、城镇化和农业现代化同步发展,推动城乡要素自由流动和平等交换,实现城乡融合发展。

介于城市与乡村中间过渡地带的城郊融合类村庄,是实践新型工农城乡关系,实现城乡融合发展的先行区域。城郊融合类村庄与城市联系最为紧密,具有融合城市的产业、基础设施和公共服务等地缘优势。城乡融合发展模式下，该类村庄首先可以通过道路、社区管理等方面的互联互通提高村庄交通便利性和治理现代化；同时在公共教育、医疗、文化等公共服务上对标市区建设，让郊区居民享受到城市居民同等的公共服务和生活质量，进而实现在就地生产生活"保住乡愁"的同时，享受到城市级的治理水平，通过城乡融合发展实现城郊乡村全面振兴和"人的城镇化"，成为整个城市具有特色和发展潜质的发展区域。

7.2 树立"同城同发展"观念

应为城郊融合类村庄明确定位，认识到"保留乡村风貌"的城郊城镇化样态的重要意义，使城—郊"被边缘化"回归到城郊"和谐共生"状态；国家应继续加大城乡居民基本公共服务均等化的力度，让城郊"新市民"或"准市民"享受到更多平等的就业、住房、教育、养老、医疗、基础设施等方面的待遇和公共服务，实现生产、生活的更好发展，让城郊居民"当得上市民""保得住乡愁"。各级城市政府应秉承"包容""共生""城乡一体"的发展理念制定城市经济社会发展规划，更好发挥城市经济对城郊经济的辐射、带动作用，让城郊经济为城市经济发展增添多样性和活力，实现城郊居民与城市居民同城、同发展。

第一，以城带郊，让城郊村变为"城乡融合发展的窗

第7章 促进城郊融合类村庄就地城镇化的政策建议

口"。城郊村具有多元复杂的社会特性,包括人口结构的复杂、社会成员的异质以及利益主体的多元。在传统的城乡二元管理体制下,城郊村的管理体制地位尴尬,其管理体制和办法等诸多方面未与城市接轨,面临多级多部门交叉管理局面,有时造成城乡的公共服务均未触及。在城乡融合发展的城郊新型城镇化的背景下,一方面,要打破城郊融合类村庄原有的城市郊区、城市边缘惯性思维,利用好城郊融合类村庄独有的先天优势,跳出就城论城、就村谈村思维,从单纯的城市发展、乡村建设向城乡融合发展转变;城郊融合类村庄独特的城乡过渡的区位特征使其具有承接城市外溢功能及服务城市经济的产业功能,城—郊经济具有互动发展的特性。因此,应顺应城郊新型城镇化的发展要求,充分发挥城郊区位优势,促进城郊空间交融、生活互通、产业融合、消费互动;立足城乡互动的政策、产业、人才服务等的要素流动,推动城乡要素双向自由流动,实现城郊产业融合发展与基础设施一体化建设,化解城郊分治的二元经济结构。另一方面,城郊村乡村风貌营造应以凸显乡土和地域特色为原则,增强空间多样化设计;要在立足城郊村特色产业、挖掘村庄文化、保护城郊生态环境等方面做足工作,促进村庄产业、服务、治理水平向城市转型,将城郊融合类村庄打造为新型城镇化城乡融合先行示范区。

第二,要通过促进城郊产业融合,实现城郊一体化发展。不同类型城市对城郊经济发展的辐射、带动能力存在差异,如大都市城郊农村因区位条件良好,只要产业选择适当,容易做到"背靠大树好乘凉"。如北京城东的高碑店村借助北京区位优势，发展古典家具市场，成功地实现就地城镇化。而中小城市在带动城郊农村发展、促进城郊融合方面则应加强城市自身的发展能力，要在城市群或区域一体化发展中找到产业分工定位和发展优势，促进城市集约高效发展，提升城市品质和功能，并积极推动市场效益较好的劳动密集型加工业、涉农产业向城郊农村及周边乡镇转移，推动基础设施和公共服务向城郊农村及周边乡镇延伸，形成产业互补、互联互通、资源共享的城乡经济圈。城郊村庄产业发展应借助政府、市场等外部政策、资金的支持，充分挖掘和利用内部资源，寻求合理的产业定位，塑造与城市相融合的现代化产业体系。

在笔者调研访谈的这两个失地城郊村，都已将自己的特色产业融入城市产业发展之中，并积极融入城市相关产业发展。如在A村原集体企业的基础上发展起来的A村企业集团股份有限公司在地产、装饰材料、物流、水产养殖等产业积极参与城市产业发展，村企分离，村民成为股东，A村成为辽西地区第一个股东村，村民股权占84%，村委会公益股6%，管理干部股权占10%，村集体成员每年均能获得3000~4000元的股份分红。同时集团在村庄规划、设施建设（如村史馆、村西公园）、村民新农合参保全部从村委会积累中出资缴纳、妇女两癌筛查等方面积极为社区居民提供公共服务。在B村原村就地城镇化过程中，该村已将其家庭宾馆业融入兴城全域旅游之中，成为带动村民创业致富的主导产业、特

第 7 章 促进城郊融合类村庄就地城镇化的政策建议

色产业。但 B 村的家庭宾馆业还须在融合城郊风土和现代理念上体现更多"特色",并更好发挥村集体经济的统筹作用将其家庭宾馆业发展壮大,让收入水平较低的一般农户参与村主导产业的红利分享。村委会、社区政府需要做好村产业集群的服务及提升工作,增强产业集群的发展能力和合力,为村民创造更多就业机会,同时应加强村委会、社区政府的基层服务,做好无业及困难家庭的摸排工作,做好有针对性的帮扶。积极发展城郊社区(村)集体经济,融合城市产业发展城郊特色产业,激发城郊经济活力,让城郊社区(村)居民能够分享更多集体经济福利,进一步增强城郊居民的幸福感。

第三,创新驱动,尊重城郊农民首创精神。在乡村振兴战略和城乡融合发展战略的推动下,大数据、云计算、物联网、人工智能等现代信息、科技成果也为城郊产业融合注入了创新动力,平台经济、共享经济、数字经济蓬勃兴起,消费者的多层次及多元需求不断展现,城郊融合类村庄的产品和服务供给也在悄然变化整合。新要素的有效注入,城郊融合类村庄不断涌现出新产业、新业态、新模式,如"全域旅游"战略的实施,已推动城郊融合类村庄从景点旅游模式融入全域旅游模式,不断获得可持续性的生计保障。良好的发展态势吸引更多外部企业入驻城郊,实现城—郊产业链互联,进一步促进城郊融合类村庄产业创新发展。部分有实力的企业开始集中打造一批具有现代创意和管理理念的特色乡村旅游景点、田园综合体、艺术创作中心等产品,多元主体融合创新开始发力。因此，城市政府应改变城郊土地"取之于乡，用之于城"的倾向，积极践行农村集体经营性建设用地市场化、征地补偿按区片综合地价进行补偿等农村土地要素市场化的改革，在提高城郊农民的财产权益，增强农民参与农村产业结构调整的积极性和创造性方面开创地开展工作，吸引聚集城市的人才、技术等先进生产要素进入城郊及农村，提升城郊农民就业、创业的能力和热情；应积极尊重、保护并助力城郊农民的自主行为和创新创业，并吸引返乡青年来城郊就近定居、创业，增强城郊经济发展的活力。

7.3　不搞"一刀切"，城郊城镇化应因地制宜

在传统的城郊城镇化模式下，尽管基层政府会依据政策目标与各参与主体达成不同程度的联结，但这种"从上到下"政策的执行，大部分难以让失地农民真正参与其中，往往是为了应付上级检查而"漂浮式"地执行政策，失地农民只能被动接受征地拆迁的补偿安置及所带来的影响。忽略失地农民实际情况的"一刀切"式城郊城镇化，考虑更多的是短期实物补偿，例如"货币补偿""安置房补偿"或是"货币+安置房"补偿，近年实行较多的"货币+安置房+失地养老保险"方式，虽然体现着安置政策的进步，但仍是带有政府"强意志"的做法，并没有考虑失地农民的城镇化意愿和长期生计等问题，忽视了对失地农民人的发展视角的考量，因此

第7章 促进城郊融合类村庄就地城镇化的政策建议

不具备可持续性或城镇化过程中问题频出。

本书所考察的两个城郊村只代表了中国欠发达地区县域城郊村的新型城镇化与乡村振兴融合发展的实践。由于我国各地在人口、土地状况，尤其是社会和经济发展阶段等方面的不同，各地区城镇化发展的差异较大，因此要实事求是、因地制宜地分类施策。大城市和中心城市周边的农村，郊区的农村和中小城市周边的农村，东部沿海地区农村和中西部地区的农村，发达地区农村与欠发达地区农村，城镇化建设的模式和道路是要不同的，不能够"一刀切"（秦佑国，2013）。农民是推进中国城镇化进程和乡村振兴战略的主体，因此要尊重农民意愿，顺势而为。打破"一刀切"地"撤村建居""集中上楼"的传统城郊城镇化模式、因地制宜、因时制宜地选择适当的城镇化模式是各级城市政府及城郊社区处理城郊失地农民城镇化问题应秉持的正确理念。

在本次调研中，大部分失地农民不愿意"住楼"变市民，明确表示愿意动迁宅基地的比例只有35.11%；愿意放弃农村户口的比例为28.70%。推进城郊新型城镇化，基层政府在制定和执行政策时要以人为本，应建立相对固定的政策机制范围，并使政策执行具有调适性，遵循适度性和均衡性原则，杜绝"一刀切"式城郊城镇化模式。政府应为城郊农民提供有效的城镇化需求表达途径，准确地掌握村民需求。在城乡融合发展的背景和目标下，对于城郊失地农民的征地补偿和安置方式应采用"自下而上"的方式进行，避免自上而下的"货币补偿+集中上楼"的传统模式，要真正从农民的视角出发，体现失地农民主体性，激发其参与性，关注其内在需求，从保证失地农民的补偿满意度和可持续发展能力上做实工作。

7.4　提高城郊失地农民补偿安置满意度

前文的研究发现，失地补偿满意度对城郊农民的就地城镇化状态和可持续创业行为都会产生积极影响，因此，应从制度构建方面保障城郊失地农民补偿安置中涉及的发展权利问题。

第一，补偿安置模式发布前，应充分听取失地基层政府和城郊失地农民的意见和建议；建立包括失地农民在内的社会多元监督机制、通畅的维权机制，确保失地农民知情权、参与权、维权诉求等被置于法律制度框架之内。

第二，以最新的关于失地农民的国家补偿标准和各项统筹政策为依据，保障失地农民征地补偿标准和安置模式的合理性、公平性、发展性。

第三，在做好城郊失地农民就业意向调查的基础上，制定切实可行的就业支持政策。应引导城郊失地农民建立自身的职业规划，并提供相关的免费职业培训。

第四，引导城郊失地农民将获得的征地补偿款转化为未来的生计资本，以适当的税费减免与优惠政策，鼓励城郊失地农民创业，拓宽失地农民的就业渠道；提供生活投资理财等方面知识讲座，引导失地农民优化收入结构和防范金融风险。

第五，失地社区应建立图书馆、社区活动室、健身公园等文化娱乐运动设施，引导失地农民在一定的物质基础上提升精神需求；城市政府应与原农村社区组织多样的城乡社区互动性文化、娱乐、旅游活动，丰富城郊失地农民的日常生活，提升生活质量，促进城郊生活融合、文化融合、社会融合。

7.5 推进失地农民可持续生计能力建设

张寿正（2004）指出，失地农民为城镇化的推进作出了牺牲，包括失去土地、房屋、集体资产、低成本的生活方式和发展方式。本次调研所考察的原村就地城镇化模式虽然能让城郊失地农民保持原有的居住和生活场域，但失地前后城郊农民所具备的要素禀赋结构的变化导致其生产方式相应发生了变化，尤其是原来对土地依赖程度较高的家庭依然要被动承受更多的生计风险；而且，失地农民如果未能从长远发展的角度利用好失地补偿，就会对家庭的可持续生计造成影响，进而影响子孙后代的可持续发展。因此，城郊失地农民的可持续生计能力建设就是要在失地后的各类补偿和跟进政策的基础上，实现失地农户、政府、企业、社会等多主体共同作用。

第一，引导和帮助失地农民（家庭），善用资金资本，提升人力资本、扩展社会资本，增强失地农民的内生动力与自我发展能力。首先，失地农民要充分发挥自身的主观能动性，主动学习相关知识技能、积极融入失地后的乡—城生活转变。掌握一定知识技能是失地农民实现"市民化"的关键和保证。通过失地补偿，资金资本的增加可以让失地农民进行人力资本投资，从而获取或提升专业技能知识；随着失地农民人力资本的积累，又能进一步增强其社会资本、资金资本的积累能力，这对城郊农民在失地后的可持续生计能力提升是一种良性循环。其次，要树立正确的储蓄观、消费观、投资观，合理利用征地补偿政策，积极沟通，拓展社会网络，培养城市文明意识，促进社会资本层面的积累能力，从长远发展视角考虑如何运用征地补偿及社会资源实现可持续生存与发展。

第二，城市政府要制定公正、合理的征收补偿标准，尊重农民意愿，选定城镇化方式。首先，进一步完善土地征收制度。以提高满意度和促进"人的城镇化"为目标，进一步完善征地补偿安置政策和征地程序；做到合理、公正、公开、透明。在土地分配方案落实的过程中，组建专门的监管机构对征收过程中的问题反馈、问题申诉进行及时处理和协调，为失地农民获得应有的、合理的补偿和满意的安置提供保障。其次，城市政府要推动城郊集体经济参与征地后用地建设项目，更好地激发社区经济活力，为失地农民提供更多的就业机会，进而增加农民收入；同时，也能增加政府的税收、巩固集体经济的实力，进而为社区提供更优质的公共服务。最后，失地社区应利用好征地补偿集体留存，积极为城郊农民提供刚性及改善性公共服务。如建立培训夜校、社区健身公

第7章 促进城郊融合类村庄就地城镇化的政策建议

园、特色农贸小市场等公共场所和空间,增强城郊农民失地后的生计能力和生活幸福感,也便于吸引城市居民往来,促进城郊空间融合、生活融合。

第三,政府、企业、社区共同参与,优化职业技能培训体系。应结合城郊农民的职业意愿及城市发展需要有针对性地进行职业技能培训,为其生计维持及发展提供就业制度保障,尤其要关注女性失地农民的职业需求及发展问题。

从"外部支持"看,政府的制度保障既可以帮助失地农民积累生计资本,又可以与企业、社区一起助力失地农民激发其内生动力,助推其不断增强自我发展能力,以适应城市生活,实现可持续生存与发展。提升失地农民职业技能,是其实现非农就业的根本保证。培训体系建设的主体政府、职业培训机构(学校)、社区、企业要积极作为,建好职业技能培训这个系统工程。首先城市政府要发挥主导作用,进一步完善失地农民职业培训支持体系。城市政府要加大对投入力度,城市政府应建立统一的失地农民就业培训基金,为失地农民非农就业技能的获取提供资金支撑,为完善就业培训机构的硬件设施提供有利条件。结合失地农民的职业需求,有效对接职业培训机构。城市政府和社区还要发挥对培训机构的监督作用,提升培训学校的教学质量。城市政府也可以下拨专项资金,引导失地社区开办技能学校,在政府的帮助下选择培训资源,就近开展技能培训。

第四,城市政府应改变城郊土地"取之于乡,用之于城"的倾向,积极践行农村集体经营性建设用地市场化、征地补偿按区片综合地价进行补偿等的农村土地要素市场化的改革，提高城郊农民的财产权益；应充分利用城市"要素下乡"的有利时机，吸引城乡要素汇聚城郊产业振兴，为城郊农村产业深度融合城市产业发展、为城郊失地农民就业、创业创造机会。

附录1　调查问卷

问卷编号：

您好，我们是辽宁工程技术大学工商管理学院的学生，本次调查是为增强我院师生的社会实践和科研能力、服务家乡经济所设计的，没有任何商业及其他目的，保证不会泄露您及您家庭的任何信息。非常感谢您的支持与帮助！

2018 年城郊地区城镇化调查

被访人员（户主）姓名	
被访人员所在县/镇/村	县　　镇　　村
电话号码/手机	
QQ 号或微信号	
代答人与户主关系	

调查员姓名：_____　　专业：_____

年级：_____

调查地点：_____（区）县_____村

地点：_____

调查日期：____年____月____日

样本总体要求：家住城市郊区、原具有耕地但现在已失去全部或部分耕地或即将面临"被动城镇化"的农民家庭，以户主为访问对象，若户主不在家中，可由家人代答，对于不清楚的问题要略过，留下户主的联系方式后进行电话或 QQ 回访。以下所要采访的信息均为户主本人的信息。

A 基本信息

A1. 性别：（　　）

1. 男；2. 女

A2. 您的出生年份：_____

A3. 您的文化程度：（　　）

1. 小学及以下；2. 初中；3. 高中或中专；4. 大专及以上

A4. 您的健康状况：（　　）

1. 健康；2. 一般；3. 较差；4. 残疾

A5. 您的婚姻状况：（　　）

1. 已婚；2. 未婚；3. 离婚；4. 丧偶（若选"1"则继续回答 A51）

A51. 您配偶的文化程度：（　　）

1. 小学及以下；2. 初中；3. 高中或中专；4. 大专以上

A6. 您是否为党员：（　　）

1. 是；2. 否

A7. 您是否为村干部：（　　）

1. 是；2. 否

A8. 您亲属有无村干部：（　　）

1. 是；2. 否

A9. 您的家庭人口数_____

A91. 您家庭中的务农人口数_____

A92. 您的子女个数_____

A93. 家中 60 岁以上老人个数_____

B 征地补偿情况

B1. 您家庭征地前拥有的土地数量（　　　）亩；人均土地数量（　　　）亩

B2. 您家庭土地的征用程度：（　　　）

1. 50% 以下；2. 50%~99%；3. 100%

B3. 您是否愿意土地被征用：（　　　）

1. 是；2. 否；3. 无所谓（若选"2"则继续回答 B31）

B31. 您不愿土地被征用原因：（　　　）

1. 土地还会升值；2. 今后生活无保障；3. 就业太难；

4. 征地补偿太低；5. 不能适应城市生活；

6. 其他_____（请注明）

B4. 土地被征用的原因：（　　　）

1. 城镇建设；2. 交通建设；3. 园区建设；

4. 其他_____（请注明）

B5. 村所得土地补偿费向村民分配的比例：（　　　）

1. 50% 以下；2. 51%~60%；3. 61%~70%；

4. 71%~80%；5. 81%~90%；6. 91%~99%；

7. 100%（若未选"7"则继续回答 B51）

B51. 村所留土地补偿费的用途：（　　　）

1. 公共建设；2. 发展生产；3. 日常开支；

4. 折股分红；5. 存银行；6. 不知道

B6. 在征地事件上，村中是否有普通村民参与了相关标准

的制定：（　　　）

1. 是；2. 否

B7. 征地后安置方式：（　　　）

1. 货币补偿；2. 就业补偿；3. 社保补偿；

4. 每月失地救济金；5. 以地换地；6. 土地入股分红

B71. 货币补偿标准：＿＿＿＿＿＿＿＿＿＿

B72. 就业补偿方式：＿＿＿＿＿＿＿＿＿＿

B73. 社保补偿方式：＿＿＿＿＿＿＿＿＿＿

B74. 每月失地救济金数额：＿＿＿＿＿＿

B75. 以地换地方式：＿＿＿＿＿＿＿＿＿＿

B76. 土地入股分红方式：＿＿＿＿＿＿＿＿

B8. 村中与征地相关的财务事务是否公开明细：（　　　）

1. 公开明细；2. 公开大体情况；

3. 不公开；4. 从未听说过此事

B9. 您对土地征用及安置政策满意度：（　　　）

1. 非常满意；2. 比较满意；3. 一般；4. 不太满意；

5. 很不满意（若选"4"或"5"则继续回答 B91）

B91. 征地不满意原因（可多选）：（　　　）

1. 补偿费太低；2. 补偿费被随意截留；

3. 土地被低征高卖；4. 土地征而不用；

5. 补偿费分配不透明；6. 没有征求群众意见；

7. 其他＿＿＿＿＿＿（请注明）

B10. 对征地政策不满或当您的权益受到损害时，您的解决方式是（请排序）：（　　　）

1. 找村干部；2. 上访；3. 找法院；

4. 不敢作声，没办法；5. 其他_____（请注明）

B11. 您征地后最迫切的保障要求（请排序）：（　　）：

1. 最低生活保障；2. 养老保障；3. 医疗保障；

4. 失业保障；5. 有一份工作；6. 就业培训；

7. 子女受教育保障；8. 老人养老保障；

9. 其他_____（请注明）

B12. 住房补偿标准：_____（请注明）

B13. 失地后的户口状况：（　　）

1. 农业户口；2. 城市户口

B14. 您对住房补偿是否满意：（　　）

1. 相当满意；2. 比较满意；3. 一般；

4. 不满意；5. 相当不满意

B15. 您对征地补偿数额是否满意：（　　）

1. 相当满意；2. 比较满意；3. 一般；

4. 不满意；5. 相当不满意

B16. 您征地后是否提供就业培训：（　　）

1. 有；2. 没有（若选"1"则继续回答 B161）

B161. 您对就业培训是否满意：（　　）

1. 相当满意；2. 比较满意；3. 一般；4. 不满意；

5. 相当不满意

B17. 征地后是否提供社保：（　　）

1. 有；2. 没有（若选"1"则继续回答 B171）

B171. 您对征地后提供的社保是否满意：（　　）

1. 相当满意；2. 比较满意；3. 一般；4. 不满意；
5. 相当不满意

B18. 您对土地征用及安置政策的总体满意度：（   ）

1. 非常满意；2. 比较满意；3. 一般；

4. 不太满意；5. 很不满意

C 征地前后就业情况

C11. 您失地前的就业模式：（   ）

1. 农业；2. 兼业；3. 非农就业；4. 无业

C12. 您失地后的就业模式：（   ）

1. 农业；2. 兼业；3. 非农就业；4. 无

C21. 您失地前的就业类别：（   ）

1. 无业；2. 农业；3. 零工；4. 雇工；

5. 个体户；6. 技术人员；7. 管理者

C22. 您失地后的就业类别：（   ）

1. 无业；2. 农业；3. 零工；4. 雇工；

5. 个体户；6. 技术人员；7. 管理者

C31. 您失地前工作性质：（   ）

1. 正式工；2. 合同工；3. 临时工；4. 其他_____

C32. 您失地后工作性质：（   ）

1. 正式工；2. 合同工；3. 临时工；4. 其他_____

C4. 目前有签订劳动合同吗？（   ）

1. 是；2. 否

C41. 您认为工作签订劳动合同重要吗？（   ）

1. 重要；2. 无所谓

C5. 您在工作中若遇到权益受到损害的情况一般会怎么做（请排序）：（   ）

1. 找单位；2. 找朋友；3. 通过法律途径

C61. 您失地前的工作是通过什么方式找到的：（   ）

1. 自己找的；2. 亲戚、朋友介绍的；

3. 政府安置的（若选"1"则继续回答C611）

C611. 自己是通过什么渠道找到的？（   ）

1. 在人才市场；2. 在网上；3. 路边广告；

4. QQ或微信朋友圈

C62. 您失地后的工作是通过什么方式找到的：（   ）

1. 自己找的；2. 朋友介绍的；

3. 政府安置的（若选"1"则继续回答C621）

C621. 自己是通过什么渠道找到的？（   ）

1. 在人才市场；2. 在网上；3. 路边广告；

4. QQ或微信朋友圈

C71. 您失地前的非农月均收入水平：（   ）

1. 500元以下；2. 500~1000元；3. 1001~1500元；

4. 1501~2000元；5. 2001~3000元；6. 3001~5000元；

7. 5001元以上

C72. 您失地后的非农月均收入水平：（   ）

1. 500元以下；2. 501~1000元；3. 1001~1500元；

4. 1501~2000元；5. 2001~3000元；6. 3001~5000元；

7. 5001元以上

C8. 您适应现在就业单位的作息时间吗？（   ）

1. 适应；2. 不适应

C9. 您对目前的收入水平是否满意：（　　）

1. 相当满意；2. 比较满意；3. 一般；

4. 不满意；5. 相当不满意

C10. 您对目前的工作条件是否满意：（　　）

1. 相当满意；2. 比较满意；3. 一般；

4. 不满意；5. 相当不满意

C11. 您对目前工作的前景看法怎样：（　　）

1. 有发展；2. 一般；3. 不怎么样

C121. 您失地前的养老保障类型：（　　）

1. 无保险；

2. 基本保险（21. 养老保险；22. 医疗保险；23. 失业保险）；

3. 职工保险；

4. 商业保险（若选"2"则继续回答C1211）

C1211. 社会保险费来源：（　　）（可多选）

1. 个人；2. 政府；3. 工作单位

C122. 您失地后的养老保障类型：（　　）

1. 无保险；

2. 基本保险（21. 养老保险；22. 医疗保险；23. 失业保险）；

3. 职工保险；

4. 商业保险（若选"2"则继续回答C1221）

C1221. 社会保险费来源：（　　）（可多选）

1. 个人；2. 政府；3. 工作单位；4. 土地补偿费

C13. 您失地前有一技之长吗？（　　）

1. 有；2. 没有

C14. 失地后找工作难易程度：（　　）

1. 很难；2. 一般；3. 容易

C15. 您失地后政府有组织过针对失地农民的职业培训吗？（　　）

1. 有；2. 没有（若选"1"则继续回答 C151）

C151. 参加的什么培训项目？_____（请注明）

C152. 对培训效果满意吗？（　　）

1. 相当满意；2. 比较满意；3. 一般；

4. 不满意；5. 相当不满意

C153. 您对失地职业培训的建议：_____

C16. 您是否适应现在的工作：（　　）

1. 非常适应；2. 适应；3. 一般；

4. 不太适应；5. 非常不适应

C161. 为了使您更适应现在的工作，您需要什么帮助？

_____

C17. 您对目前工作状况的满意度：（　　）

1. 相当满意；2. 比较满意；3. 一般；4. 不满意；

5. 相当不满意（若选"3"或"4"或"5"则继续回答 C171）

C171. 您对工作的哪方面不满意？（　　）

1. 工资低；2. 福利不好；3. 工作条件差；

4. 工作时间长；5. 没有双休日；6. 没有保险；

7. 人际关系不和谐

C18. 您有创业意愿吗？（　　）

1. 有；2. 没有（若选"1"则继续回答 C181、C182）

C181. 您打算做什么？＿＿＿＿＿＿＿＿＿＿

C182. 您需要什么帮助？＿＿＿＿＿＿＿＿＿＿

D　征地前后生活情况

D1. 家具摆设的现代性（请调查员观察）：（　　）

1. 现代；2. 一般；3. 比农村的强些不多

D2. 现在您家庭的人均住房面积＿＿＿＿＿＿平方米/人

D21. 您征地后居住条件：（　　）

1. 改善了；2. 没变；3. 变差了

D3. 土地征用前家里生活条件在村里所占水平：（　　）

1. 富裕；2. 较好；3. 一般；4. 较差；5. 需救济

D31. 土地征用后家里生活条件是否有所改善：（　　）

1. 变好了；2. 强点儿；3. 没有变化；4. 变差了

D41. 土地征用前家庭每月消费支出＿＿＿＿＿＿元

D42. 土地征用后家庭每月消费支出＿＿＿＿＿＿元

D5. 家里买车了吗？（　　）

1. 是；2. 否（若选"1"则继续回答 D51）

D51. 是征地前还是征地后买的？（　　）

1. 征地前；2. 征地后

D6. 您现在休闲时间比征地前多吗？（　　）

1. 比原来多多了；2. 比原来多些；3. 没变化；
4. 比失地少了；5. 比失地少多了

D7. 您感觉现在生活比失地前有更多压力吗？（　　）

1. 比失地前压力大多了；2. 比失地前压力大些；
3. 没变化；4. 比失地前轻松

D8. 您是否适应现在居住和生活方式：（   ）

1. 非常适应；2. 适应；3. 一般；4. 不太适应；
5. 非常不适应

D9. 现在的生活比征地前的幸福程度：（   ）

1. 比征地前幸福了；2. 没有征地之前幸福；3. 说不清

D10. 您自己或子女找对象时，倾向找：（   ）

1. 原农民现居民；2. 农民；3. 城里人；4. 无所谓

D11. 您被征地后，交往朋友的数量跟以前相比：（   ）

1. 变多了；2. 没变化；3. 变少了

D12. 对原来城市居民的看法：（   ）

1. 友善素质高；2. 没什么特别的；3. 不如我们农村人

D13. 您是否愿意与原来的城市居民打交道、交朋友：（   ）

1. 愿意；2. 不愿意

D14. 您认为当农民好还是当市民好：（   ）

1. 当农民好（若选此项则继续回答 D141）；
2. 当市民好（若选此项则继续回答 D142）；
3. 说不清

D141. 认为当农民好的原因（可多选）：（   ）

1. 农村空气好；2. 消费低；3. 邻里间交往方便；
4. 种地自由；5. 生活压力小；6. 其他_____

D142. 认为当市民好的原因（可多选）：（   ）

1. 热闹；2. 生活方便；3. 交通方便；4. 孩子上学好；

5. 城市生活现代；6. 有公园、广场；7. 其他_____

D15. 您认为您现在是城市人还是农村人？（　　）

1. 市民；2. 农村人；3. 不清楚

D16. 您现在的社区服务设施与城里的有差别吗？（　　）

1. 有差别；2. 没差别（若选"1"则继续回答 D161）

D161. 有何差别？_____

D17. 您对小区现在的硬件设施（绿化美化、道路交通、生活服务设施等）是否满意：（　　）

1. 相当满意；2. 比较满意；3. 一般；

4. 不满意；5. 相当不满意

D18. 对小区管理（社区治安、物业管理、社区文化）是否满意：（　　）

1. 相当满意；2. 比较满意；3. 一般；

4. 不满意；5. 相当不满意

D19. 现在的社区居委会的管理较原来农村村委会的管理怎么样？（　　）

1. 比村委会管理好；2. 没什么差异；

3. 不如村委会（若选"1"则继续回答 D191）

D191. 现在的社区居委会的管理方式好在哪里？_____

D192. 现在的社区居委会帮助您解决过您的什么困难吗？（　　）

1. 有；2. 没有（若选"1"则继续回答 D1921）

D1921. 帮您解决过什么困难？_____

D201. 您是否积极了解村中大事：（　　）

1. 积极了解；2. 一般；3. 不太关心

D202. 您是否积极参与社区活动：（　　）

1. 积极；2. 一般；3. 不太关心

D203. 您是否积极为社区管理提意见、建议：（　　）

1. 提过；2. 从没提过

D211. 您征地前闲暇时间做什么？（可多选并排序）（　　）

1. 看电视；2. 串门聊天；3. 看报纸、杂志；

4. 学习；5. 健身；6. 其他＿＿＿＿＿＿

D212. 您征地后闲暇时间做什么？（可多选并排序）（　　）

1. 看电视；2. 串门聊天；3. 看报纸、杂志；4. 学习；

5. 健身；6. 其他＿＿＿＿＿＿

D22. 您在网上购过物吗？（　　）

1. 经常；2. 偶尔；3. 想，但不会；4. 不感兴趣

D23. 放弃农地变成市民后悔吗？（　　）

1. 后悔了；2. 不后悔

D24. 您认为当前亟须解决的问题是什么？（　　）

1. 提高补偿；2. 医疗救助；3. 住房安置；4. 养老保险；

5. 父母的社会保障；6. 创业扶持；7. 职业提升；

8. 享受城市市民的同等待遇；9. 其他＿＿＿＿＿＿

D25. 您认为未来的生活会怎样？（　　）

1. 以后的生活会越来越好；2. 不会有太大变化；

3. 说不准；4. 会越来越差

附录2 调研照片

①师生与 A 村村主任张先生交流

附录 2　调研照片

②师生与 A 村村主任张先生合影

③学生在 A 村调研 –01

④学生在A村调研-02

⑤学生在A村调研-03

附录2 调研照片

⑥学生在A村调研-04

⑦学生在A村调研-05

⑧学生在 A 村村办企业调研 –01

⑨学生在 A 村村办企业调研 –02

附录2 调研照片

⑩学生在A村村办企业调研-03

⑪调研团队合影

⑫学生在 B 村调研 – 01

⑬学生在 B 村调研 – 02

附录2 调研照片

⑭学生在 B 村调研 – 03

⑮学生在 B 村调研 – 04

参 考 文 献

[1] 保罗·贝罗奇. 1700 - 1914 年农业和工业革命 [A]. //卡洛·M. 齐波拉. 欧洲经济史（第三卷）[M]. 北京：商务印书馆，1989：368 - 382.

[2] 鲍海君，韩璐. 基于 Logistic-ISM 模型的失地农民创业意向影响机理研究 [J]. 财经论丛，2015（10）：88 - 94.

[3] 鲍海君，吴次芳. 论失地农民社会保障体系建设 [J]. 管理世界，2002（10）：37 - 421.

[4] 陈宵. 农民宅基地退出意愿的影响因素：基于重庆市"两翼"地区 1012 户农户的实证分析 [J]. 中国农村观察，2012（3）：26 - 36.

[5] 陈映芳. 征地农民的市民化——上海市的调查 [J]. 华东师范大学学报（哲学社会科学版），2003（3）：88 - 95.

[6] 成德宁. 经济发达国家与发展中国家城镇化的比较与启示 [J]. 经济评论，2002（1）：122 - 125.

[7] 崔红志. 城镇化进程中失地农民的生计状况、成因与对策 [J]. 中州学刊，2019（2）：32 - 38.

[8] 杜洪梅. 城市化进程中城郊农民融入城市社会问题

研究 [J]. 社会科学, 2004 (7): 73-78.

[9] 恩格斯. 英国工人阶级状况 [M]. 北京: 人民出版社, 1961.

[10] 范波文, 应望江. 家庭背景对农民创业模式的影响研究——基于"千村调查"的数据分析 [J]. 江西财经大学学报, 2020 (3): 73-86.

[11] 冯尚春. 发达国家城镇化及其对我国的启示 [J]. 城市发展研究, 2004 (1): 5-8.

[12] 顾朝林, 熊江波. 简论城市边缘区研究 [J]. 地理研究, 1989 (3): 95-101.

[13] 郭熙保. 农业发展论 [M]. 武汉: 武汉大学出版社, 1995: 348-349.

[14] 韩璐, 鲍海君, 唐云峰. 失地农民创业行为的影响因素研究——基于"意向—情境—行为"理论模型与实证检验 [J]. 华中农业大学学报 (社会科学版), 2017 (5): 117-124.

[15] 胡宝荣, 李强. 城乡结合部与就地城镇化: 推进模式和治理机制——基于北京高碑店村的分析 [J]. 人文杂志, 2014 (10): 105-114.

[16] 黄建伟, 刘典文, 喻洁. 失地农民可持续生计的理论模型研究 [J]. 农村经济, 2009 (10): 104-107.

[17] 黄庆玲. 城郊失地农民就地城镇化状态及影响因素分析 [J]. 山西农业大学学报 (社会科学版), 2020 (6): 100-108.

[18] 黄庆玲. 城乡融合背景下城郊失地农民就地城镇化: 实践、契机与导引 [J]. 黑龙江八一农垦大学学报, 2020 (5): 114-120.

[19] 黄祖辉, 毛迎春. 浙江农民市民化——农村居民进城决策及进城农民境况研究 [J]. 浙江社会科学, 2004 (1): 43-48.

[20] 冀县卿, 钱忠好. 人力资本、连带关系与失地农民城市适应性——基于扬州市失地农民的实证研究 [J]. 江苏社会科学, 2011 (3): 86-91.

[21] 江维国, 李立清. 失地农民可持续生计: 理论框架与实现路径 [J]. 农业经济问题, 2019 (8): 87-98.

[22] 孔祥智, 王志强. 我国城镇化进程中失地农民的补偿 [J]. 经济理论与经济管理, 2004 (5): 60-65.

[23] 李飞, 钟涨宝. 人力资本、社会资本与失地农民的职业获得——基于江苏省扬州市两个失地农民社区的调查 [J]. 中国农村观察, 2010 (6): 11-20.

[24] 李红玉. 城乡融合型城镇化——中国新型城镇战略模式研究 [J]. 学习与探索, 2013 (9): 98-102.

[25] 李强, 陈振华, 张莹. 就近城镇化与就地城镇化 [J]. 广东社会科学, 2015 (1): 186-199.

[26] 李强. 中国城镇化进程中的"半融入"与"不融入"[J]. 河北学刊, 2011 (9): 109-114.

[27] 李琴, 孙良媛, 罗凤金. 失地农民是自愿还是非自愿退出劳动力市场——基于珠江三角洲的实证研究 [J]. 农

业经济问题, 2009 (8): 78-84.

[28] 李增刚. 征地补偿资本化——解决失地农民收入来源的途径探讨 [J]. 财经问题研究, 2013 (12): 132-137.

[29] 李志刚, 刘晔, 陈宏胜. 流动人口的社会融合模式及其生活满意度——基于中国12个城市的实证研究 [J]. 地理学报, 2020 (10): 2145-2161.

[30] 林乐芬, 赵辉, 安然, 等. 城市化进程中失地农民市民化现状研究 [J]. 农业经济问题, 2009 (3): 65-70.

[31] 卢福营. 城郊村（社区）城镇化方式的新选择 [J]. 社会科学, 2016 (10): 78-84.

[32] 马继迁, 郑宇清. 家庭禀赋如何影响就业？——对失地农民的考察 [J]. 华东经济管理, 2016 (10): 116-122.

[33] 马克思. 资本论 [M]. 北京: 人民出版社, 2004.

[34] 迈克尔·P. 托达罗. 经济发展 [M]. 黄卫平, 等译. 北京: 中国经济出版社, 1999.

[35] 毛丹, 王燕锋. J市农民为什么不愿做市民——城郊农民的安全经济学 [J]. 社会学研究, 2006 (6): 45-73.

[36] 毛丹. 赋权、互动与认同: 角色视角中的城郊农民市民化问题 [J]. 社会学研究, 2009 (4) 28-55.

[37] 牛文元. 中国新型城市化报告2012 [M]. 北京: 科学出版社, 2012.

[38] 彭红碧, 杨峰. 新型城镇化道路的科学内涵 [J]. 理论探索, 2010 (4): 75-78.

[39] 彭荣胜. 传统农区就地就近城镇化的农民意愿与路径选择研究 [J]. 学习与实践, 2016 (4): 59-67.

[40] 秦佑国. 中国城镇化发展的差异化路径研究 [J]. 城市规划, 2013 (1): 13-19.

[41] 任远. 人的城镇化: 新型城镇化的本质研究 [J]. 复旦学报 (社会科学版), 2014 (4): 134-139.

[42] 单卓然, 黄亚平. "新型城镇化" 概念内涵、目标内容、规划策略及认知误区解析 [J]. 城市规划学刊, 2013 (2): 16-22.

[43] 盛开. 以城乡融合发展推动乡村振兴战略 [J]. 调研世界, 2018 (6): 62-65.

[44] 石会娟, 李占祥, 刘慈萱, 等. 城郊融合类乡村产业振兴思路探讨——以西安市雁塔区三兆村为例 [J]. 城市发展研究, 2019 (26): 103-108.

[45] 孙光林, 李庆海, 杨玉梅. 金融知识对被动失地农民创业行为的影响——基于IV-Heckman模型的实证 [J]. 中国农村观察, 2019 (3): 124-142.

[46] 孙霁, 班永飞. 城镇化进程中城郊农民身份认同模型及融入路径——以贵州省为例 [J]. 调研世界, 2015 (10): 20-23.

[47] 谭日辉. 社会认同视角下失地农民的市民化研究 [J]. 湖南社会科学, 2014 (6): 108-111.

[48] 唐云锋, 解晓燕. 城郊失地农民城市融入的心理障碍归因及政策干预——基于扎根理论的分析 [J]. 经济社会

体制比较，2018（6）：148-161.

[49] 汪海波. 新中国工业经济史（1949-1957）[M]. 北京：经济管理出版社，1985：50.

[50] 王春光. 新生代农村流动人口的社会认同与城乡融合的关系[J]. 社会学研究，2001（3）：63-76.

[51] 王慧博. 城市化进程中失地农民市民化调查状况比较分析[J]. 宁夏社会科学，2010（7）：66-72.

[52] 王慧博. 中国东西部失地农民市民化意愿对比测量[J]. 社会科学辑刊，2013（3）：62-67.

[53] 魏凤，于丽卫. 基于Logistic模型的农户宅基地换房意愿影响因素分析：以天津市宝坻区为例[J]. 经济体制改革，2012（2）：90-94.

[54] 魏后凯. 新时代中国城乡融合发展的体制机制与政策体系[J]. 中国农村经济，2020（10）：2-16.

[55] 魏莉莉. "90后"创业意愿及影响因素——基于"传统—现代—后现代"社会转型理论视角[J]. 当代青年研究，2019（6）：97-103.

[56] 魏晓辉，张京祥，陈浩. "以人为本"的新型城镇化建设：理论内涵与实践路径[J]. 城市规划，2022（5）：9-18.

[57] 温铁军. 去依附：中国化解第一次经济危机的真实经验[M]. 北京：东方出版社，2019.

[58] 文军. "被市民化"及其问题——对城郊农民市民化的再反思[J]. 华东师范大学学报（哲学社会科学版），

2012 (4): 7-11.

[59] 文军. 农民市民化: 从农民到市民的角色转型 [J]. 华东师范大学学报 (哲学社会科学版), 2004 (5): 55-61.

[60] 吴次芳, 邵雨禾, 曹瑞芬. 空间治理与城乡发展: 理论框架与中国实践 [J]. 中国土地科学, 2019 (12): 1-9.

[61] 吴丽, 杨保杰, 吴次芳. 失地农民健康、幸福感与社会资本关系实证研究 [J]. 农业经济问题, 2009 (2): 25-29.

[62] 吴业苗. 城郊农民市民化的困境与应对: 一个公共服务视角的研究 [J]. 中国农村观察, 2012 (3): 71-77.

[63] 徐雪, 王永瑜. 城乡融合发展的理论逻辑与实践路径 [J]. 经济学家, 2023 (5): 62-71.

[64] 许兴龙, 周绿林, 陈羲. 城镇化背景下失地农民社会资本异质性与其健康状况 [J]. 中国农村观察, 2017 (5): 74-84.

[65] 亚当·斯密. 国民财富的性质和原因的研究 [M]. 郭大力, 王亚南, 译. 北京: 商务印书馆, 2009.

[66] 严蓓蓓. 人的城镇化与失地农民城市适应性障碍之消除——以南京市江宁区为例 [J]. 人民论坛, 2013 (26): 140-142.

[67] 严中平. 中国近代经济史统计资料选辑 [M]. 北京: 科学出版社, 1955.

[68] 叶继红. 集中居住区居民主观生活质量评价与分

析——基于江苏13个城市的问卷调查 [J]. 现代经济探讨, 2019 (1): 105-113.

[69] 叶兴庆, 张云华, 伍振军, 等. 从城乡二元到城乡一体: 我国城乡二元体制的突出矛盾与未来走向 [M]. 北京: 中国发展出版社, 2019.

[70] 于莉. 从土地依恋到户籍依恋——天津城郊农民生活安全脆弱性与市民化意愿代际分析 [J]. 北京社会科学, 2018 (6): 48-58.

[71] 余亮亮, 蔡银莺. 耕地保护补偿政策对农户创业意愿的影响——基于成都市耕地保护基金的实证分析 [J]. 中国人口·资源与环境, 2015 (12): 102-110.

[72] 俞兴泉. 对城乡结合部问题的思考 [J]. 城市规划, 1989 (3): 56-57.

[73] 张成甦. 失地农民双重资本和创业能力与创业绩效的关系 [J]. 贵州农业科学, 2020 (2): 162-167.

[74] 张晖, 温作民, 李丰. 失地农民雇佣就业？自主创业的影响因素分析——基于苏州市高新区东渚镇的调查 [J]. 南京农业大学学报（社会科学版）, 2012 (1): 16-20.

[75] 张寿正. 失地农民问题调查与思考 [J]. 中国农村经济, 2004 (12): 48-54.

[76] 张文明. 新型城镇化: 城乡关系发展中的"人本"回归 [J]. 华东师范大学学报（哲学社会科学版）, 2014 (5): 97-107.

[77] 赵琴. 居住空间分异及其对城郊失地农民城市融入

的影响——基于贵州省凤冈县的调研数据[J]. 农业经济问题, 2015 (9): 71-78.

[78] 赵清军, 张非凡, 阙春萍, 等. 失地农民创业意愿及其影响因素分析——基于福建省A市的调查数据[J]. 湖南农业大学学报(社会科学版), 2018 (2): 67-72.

[79] 赵士军, 葛玉辉, 陈悦明. 基于隐性人力资本价值因子的高层管理团队与团队绩效关系模型研究[J]. 科技进步与对策, 2011 (16): 135-137.

[80] 郑风田, 孙谨. 从生存到发展——论我国失地农民创业支持体系的构建[J]. 经济学家, 2006 (1): 54-61.

[81] 周毕芬. 城镇化进程中失地农民的创业环境与创业意愿——基于福建省N市的调查数据分析[J]. 西北人口, 2015 (5): 49-52.

[82] 周易, 付少平. 生计资本对失地农民创业的影响——基于陕西省杨凌区的调研数据[J]. 华中农业大学学报(社会科学版), 2012 (3): 80-84.

[83] Ajzen, I. The theory of planned behavior [J]. Organizational Behavior and Human Decision Processes, 1991, 50 (2): 179-211.

[84] Audet, J. A longitudinal study of the entrepreneurial intentions of university students [J]. Academy of Entrepreneurship Journal. 2002, 10 (1), 1-15.

[85] Bandura, A. Social learning theory [M]. Englewood Cliffs, NJ: Prentice Hall, 1997.

参考文献

[86] Bao, H., Peng, Y. Effect of land expropriation on land-lost farmers' entrepreneurial action: A case study of Zhejiang Province [J]. Habitat International, 2016, 53: 342-349.

[87] Bao, H., Dong, H., Jia, J., et al. Impacts of land expropriation on the entrepreneurial decision-making behavior of land-lost peasants: An agent-based simulation [J]. Habitat International, 2020, 95: 102096.

[88] Tacoli C., Rural-Urban interaction: A guide to the literature [J]. Environment and Uranization, 1998, 10 (1): 147-166.

[89] Chan, N. Land acquisition compensation in China-problems and answers [J]. International Real Estate Review, 2003, 6 (1): 136-152.

[90] Chen, M., Zhou, Y., Huang, X., et al. The integration of new-type urbanization and rural revitalization strategies in China: origin, reality and future trends [J]. Land, 2021, 10 (2): 207.

[91] Guerrero, M., Rialp, J., Urbano, D. The impact of desirability and feasibility on entrepreneurial intentions: A structural equation model [J]. International Entrepreneurship and Management Journal, 2008, 4 (1): 35-50.

[92] Han, L., Bao, H., Peng, Y. Which factors affect landless peasants' intention for entrepreneurship? A case study in the South of the Yangtze River Delta, China [J]. Sustainability,

2017, 9 (7): 1158.

[93] Huang, R., Tang, Y. L. Strategic thought on promoting entrepreneurship among land-lost farmers [J]. Agricultural Archaeology, 2011, 6: 156-158.

[94] Karsten, L. Family gentrifiers: Challenging the city as a place simultaneously to build a career and to raise children [J]. Urban Studies, 2003, 40 (12): 2573-2584.

[95] Khuong, M. N., An, N. H. The factors affecting entrepreneurial intention of the students of Vietnam national university—A mediation analysis of perception toward entrepreneurship [J]. Journal of Economics, Business and Management, 2016, 4 (2): 104-111.

[96] Kolvereid, L. Prediction of employment status choice intentions [J]. Entrepreneurship Theory and Practice, 1996, 21 (1): 47-57.

[97] Krueger, N. F., Reilly, M. D., Carsrud, A. L. Competing models of entrepreneurial intentions [J]. Journal of Business Venturing, 2000, 15: 411-432.

[98] La Guardia, J. G., Ryan, R. M., Couchman, C. E., et al. Within-person variation in security of attachment: A self determination theory perspective on attachment, need fulfillment, and well-being [J]. Journal of Personality and Social Psychology, 2000, 79 (3): 367-384.

[99] Lai, Y., Peng, Y., Li, B., et al. Industrial land de-

velopment in urban villages in China: A property rights perspective [J]. Habitat International, 2014, 41: 185-194.

[100] Lang, W., Chen, T., Li, X. A new style of urbanization in China: Transformation of urban rural communities [J]. Habitat International, 2016, 55: 1-9.

[101] Li, L. H., Lin, J., Li, X., et al. Redevelopment of urban village in China-A step towards an effective urban policy? A case study of Liede village in Guangzhou [J]. Habitat International, 2014, 43: 299-308.

[102] Luthans, F., Luthans, K. W., Luthans, B. Positive psychological capital: Beyond human and social capital [J]. Business Horizons, 2004, 47 (1): 45-50.

[103] Mao, Y., He, J., Morrison, A. M., et al. Effects of tourism CSR on employee psychological capital in the COVID-19 crisis: From the perspective of conservation of resources theory [J]. Current Issues in Tourism, 2021, 24 (19): 2716-2734.

[104] McGee T. G. The Emergence of Desakota Regions in Asia: Expanding a Hypothesis [A]. //Koppel, B. The Extended Metropolis: Settlement Transition in Asia [M]. New York: University of Hawaii Press, 1991: 3-36.

[105] Mike Douglass. A Regional Network Strategy for Reciprocal Rural-Urban Linkages [J]. Third World Planning Review, 2006, 28 (1): 1-21.

[106] Mosher, J. S., Trubek, D. M. Alternative approa-

ches to governance in the EU: EU social policy and the European employment strategy [J]. Journal of Common Market Studies, 2003, 41 (1): 63 –88.

[107] Peterman, N. E. , Kennedy, J. Enterprise education: Influencing students' perceptions of entrepreneurship [J]. Entrepreneurship Theory and Practice, 2003, 28 (2): 129 – 144.

[108] Schiller B. R. , Crewson P. E. Entrepreneurial origins: A longitudinal inquiry [J]. *Economic Inquiry*, 1997, 35 (3): 523 –531.

[109] Sexton, D. L. , Bowman, N. The entrepreneur: A capable executive and more [J]. Journal of Business Venturing, 1985, 1 (1): 129 – 140.

[110] Shane S. , Edwin A. L. , Collins C. J. Entrepreneurial motivation [J]. *Human Resource Management Review*, 2003, 13 (2): 257 –279.

[111] Shapero, A. , Sokol, L. Social dimensions of entrepreneurship [A]. //Kent, C. A. , Sexton, D. L. , Vesper. K. H. Encyclopedia of entrepreneurship [M]. Englewood Cliffs: Prentice-Hall, 1982: 72 – 90.

[112] Shen, L. , Peng, Y. , Zhang, X. , et al. , An alternative model for evaluating sustainable urbanization [J]. Cities, 2012, 29: 32 –39.

[113] Stephan, U. , Rauch, A. , Hatak, I. Happy Entrepreneurs? Everywhere? A Meta-Analysis of Entrepreneurship and

Wellbeing across Institutional Contexts [J]. Entrepreneurship Theory and Practice, 2022: 1 -41.

[114] Tkachev, A., Kolvereid, L. Self-employment intentions among Russian students [J]. Entrepreneurship and Regional Development, 1999, 11 (3): 269 -280.

[115] Wang, D., Qian, W., Guo, X. Gains and losses: does farmland acquisition harm farmers' welfare? [J]. Land Use Policy, 2019, 86: 78 -90.

[116] Wang, X., Shi, R., Zhou, Y. Dynamics of urban sprawl and sustainable development in China [J]. Socio-Economic Planning Sciences, 2020, 70, 100736.

[117] Wilson, F., Kickul, J., Marlino, D. Gender, entrepreneurial self-efficacy, and entrepreneurial career intentions: Implications for entrepreneurship education [J]. Entrepreneurship Theory and Practice, 2007, 31 (3): 387 -406.

[118] Wu, F. Adding new narratives to the urban imagination: An introduction to "New directions of urban studies in China" [J]. Urban Studies, 2020, 57 (3): 459 -472.

[119] Wu, Y., Jiang, W., Luo, J., et al. How can Chinese farmers' property income be improved? A population-land coupling urbanization mechanism [J]. China & World Economy, 2019, 27 (2): 107 -126.

[120] Xie, L., Cheshmehzangi, A., Tan-Mullins, M., et al. Urban entrepreneurialism and sustainable development: A com-

parative analysis of Chinese Eco-Developments [J]. Journal of Urban Technology, 2020, 27 (1): 3-26.

[121] Xu, G., Liu, Y., Huang, X., et al. How does resettlement policy affect the place attachment of resettled farmers? [J] Land Use Policy, 2021, 107: 1-10.

[122] Xu, L., Zhao, H., Chernova, V., et al. Research on rural revitalization and governance from the perspective of sustainable development [J]. Frontiers in Environmental Science, 2020, 10 (3).

[123] Zhan, S. Hukou reform and land politics in China: Rise of a tripartite alliance [J]. The China Journal, 2017, 78 (1): 25-49.

[124] Zhang, Y., Duysters, G., Cloodt, M. The role of entrepreneurship education as a predictor of university students' entrepreneurial intention [J]. International Entrepreneurship and Management Journal, 2014, 10 (3): 623-641.